CSS公務員セミナー論文講師・
代々木ゼミナール国語科講師
鈴木 鋭智

日本語の
プロが教える
「受け答え」の授業

仕事に必要なのは、
「話し方」より「答え方」

話し方やプレゼンの技術を学んだのに
仕事が評価されない……。
これには理由があります。
あなたに求められているスキルは
「話し方」ではありません。

上司は**話し方**が9割

上司の仕事で求められる
スキルのほとんどは**「話し方」**

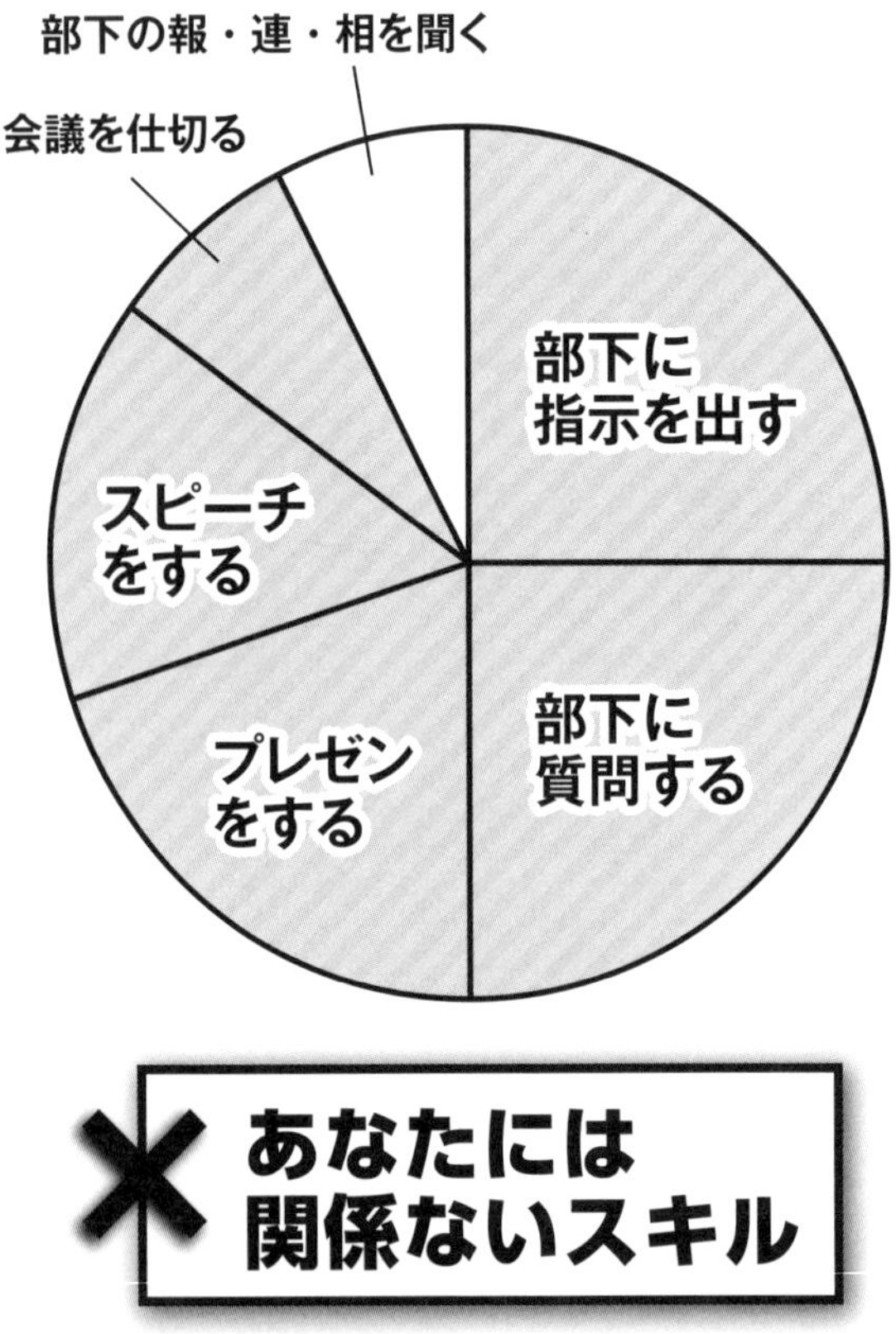

✕ あなたには関係ないスキル

部下は**答え方**が9割

部下の仕事で求められる
スキルのほとんどは**「答え方」**

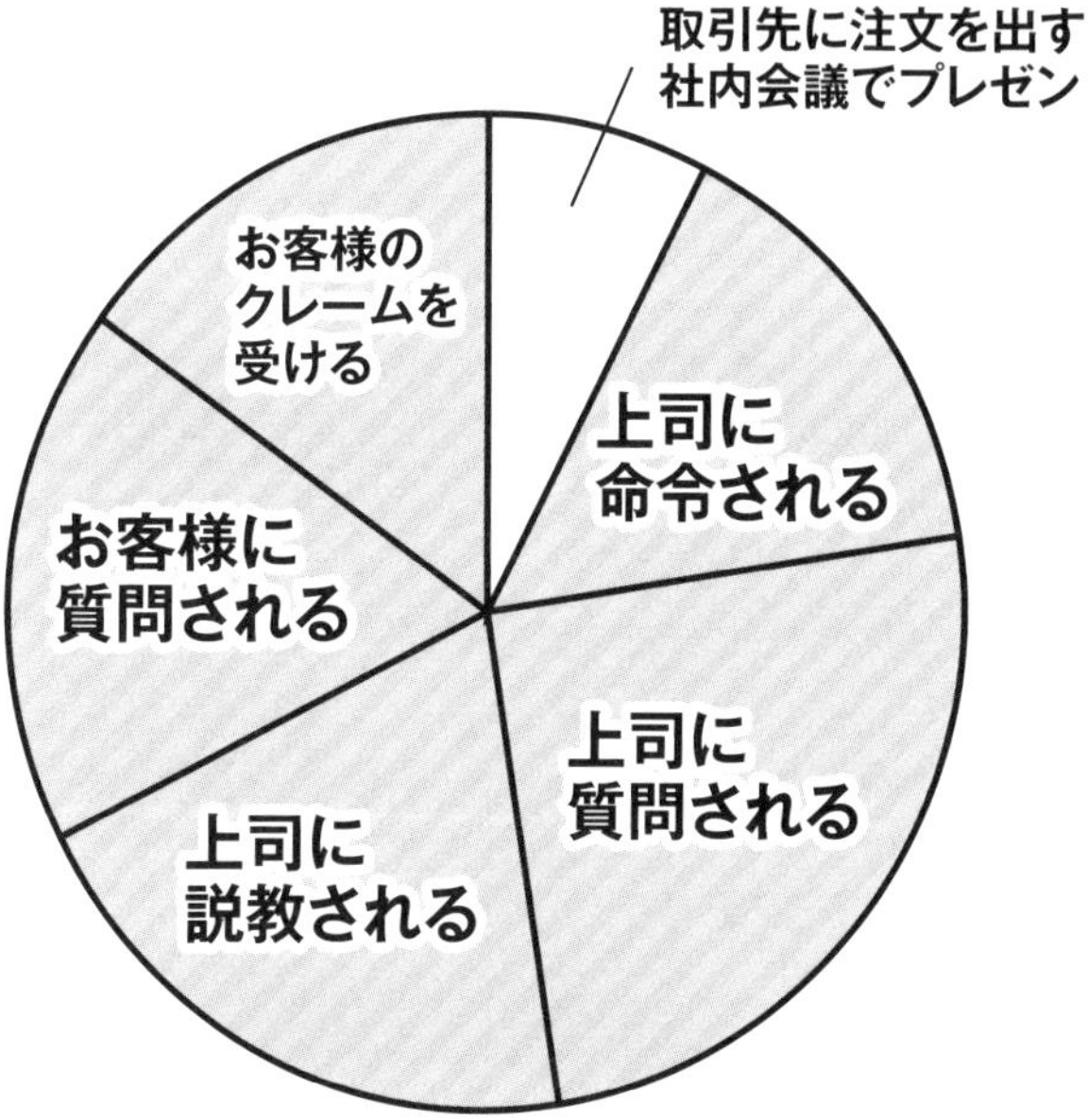

あなたが磨くべき
スキルはこっち!

はじめに

職場で認められず、崖っぷちに立たされているあなた。

就活や転職活動の過当競争にさらされているあなた。

あなたが磨くべきなのは「話し方」でも「プレゼンテーション」でも「英語力」でもなく、「答え方」かもしれません。

上　司「君、どうして売り上げが伸びないんだね？」
社員A「少子化とデフレによって、マーケットが縮小したからです」
社員B「顧客管理を怠って、得意客を逃してしまいました」

二人のうち、出世するのはBさん、リストラされるとしたらAさんです。

上司の質問は「売れている社員と売れない君の違いは何だ？」という意味。「マーケットが縮小したから」では、答えになっていません。

面接官　「弊社を志望する理由を教えて下さい」
応募者Ａ「御社は業界トップのシェアを誇り、福利厚生も充実していて、ＭＢＡ取得のための留学制度があることも大きな魅力だからです」
応募者Ｂ「御社の知育玩具を全国に広めて、日本の子どもたちの知的レベルを世界一にするためです」

二人のうち、幹部候補として採用されるとしたらＢさんです。

面接官が聞きたいのは「あなたの野望」であって、「あなたの要望」ではありません。


問われたことに、正しく答える。

質問の意図を、正しく理解する。

実はこの「受け答え」こそ、若手社員に求められる第一のスキルなのです。

部下の仕事の９割は上司やお客様の質問に答えることで占められるからです。

一方的に話す技術、すなわちスピーチやプレゼンが必要になるのは、組織の中でもっと出世してから。若手社員とエグゼクティブでは求められるスキルが違うのです。

もっとも「質問の意図を理解する」といっても「相手の気持ちを考える」「場の空気を読む」といった気配りの話ではありません。ましてやテレパシーでもありません。

これは「国語」の領域です。

「特徴＝他のものとの違い」「理由＝きっかけ＋目的」など、**日本語には「こう問われたらこう答える」という受け答えのルールがいくつもあります。**

本来なら、小学校の国語の時間に教わっておくべき基本ルールです。

しかし現在の国語教育において「受け答え」のトレーニングは最も手薄な分野。与えられた選択肢の中から選ぶだけというマークシート方式では「質問の意図」まで考えなくてもそれなりに点数が取れてしまうからです。

いわゆる一流大学を出た人でも、思いつきで言い散らかしたり、言いたいことばかり一方的に話してしまう癖が抜けないのはそのためです。

いくつかのルールをただ「知らない」というだけで、せっかく実力があるのに上司に誤解され、チャンスを逃してしまう。面接で大減点を食らってしまう。

これは大変もったいない話です。

予備校講師である私が、若手社員に向けたビジネス書を書く理由はここにあります。

国語を教える側の一人として、責任を感じているのです。

私の本業は予備校で国語と小論文を教え、学習参考書を書くことです。

そこで、この本も問題集っぽく作ってみました。「受け答え」のルールを学ぶための問題が80問用意されています。ただ読んでもいいのですが、できれば「自分なら、どう答えるか」を考えてからページをめくって下さい。あなた自身の「答え方の癖」が見えてくるはずです。

それでは、学校では教えてくれない（正確には、学び損ねた）「答え方」の授業を始めましょう。

著　者

もくじ──仕事に必要なのは、「話し方」より「答え方」

第1章 答え方には「型」がある

第2章 その質問、本当はこういう意味なんです

第3章 なぜ、あなたの意見には説得力がないのか？

本文デザイン／玉造　能之（デジカル）

第1章

答え方には「型」がある

面接や職場での受け答えに「個性」は必要ありません。ビジネスにおける答え方には「こう聞かれたら、こう答える」という決まった「型」があります。若手社員はまず「型」にはまりましょう。減点されない答え方こそ、逆に職場で光るのです。

1

「すごさ」は「比較」で示しなさい

いまの中学生はマイケル・ジャクソンを知らないそうです。無理もありません。彼らが物心ついた頃には、裁判やらスキャンダルやら本人の奇行やらですっかり「変な人」として報道されていたわけですから。

だから、マイケルが亡くなった途端にマスコミが手のひらを返してマイケルを絶賛し始めたのが、不思議で仕方ないというのです。

リアルタイムで『スリラー』に衝撃を受けた世代とは、マイケルを見る文脈がまったく違ういまどきの子どもたち。

本書の第1問として、そんな中学生を説得していただきましょう。

問題 マイケル・ジャクソンのすごさを説明しなさい。

✕ 全世界で7億5000万枚のアルバムを売って「キング・オブ・ポップ」と呼ばれた人。あのパフォーマンスを見れば絶対感動する。この価値がわからないやつは人間として絶対おかしい。

○ **当時のアメリカの音楽番組は黒人歌手の映像をほとんど放送しなかったのに、マイケルの歌とダンスとミュージックビデオが斬新すぎたおかげで、人種の壁を超えるきっかけになった。**

「7億5000万枚」という数字を単独で出されても、その世界の「相場」を知らない人には、それがどれくらい飛び抜けた数字なのか判断できないものです。

算数のテストで80点を取ったとき、ふだん30点の子は大喜びしても、ふだん100点の子はがっかりするでしょう。数字は相場との比較で意味を持つのです（ちなみに、マイケルの7億5000万枚という数字は、エルヴィス・プレスリーやビートルズに次いで3位だそうです）。

また、DVDを見れば必ず感動するかというと、それはわかりません。なにしろ相手は『アバター』や「シルク・ドゥ・ソレイユ」など刺激の強いエンターテインメントを観て育っている21世紀の子どもたち。現代の映像技術や舞台芸術がマイケル・ジャクソンの影響を多大に受けているとしても、彼らはそんな歴史的系譜にはおかまいなしに「ムーンウォークって、一発芸の定番でしょ?」などと無礼千万なことを言いかねないのです。

違いの説明＝Aは○○＋Bは△△

「すごさ」とは「他より抜きん出ていること」。つまり「他との違い」です。片方だけ述べても完結しないのです。平均との違い、ライバルとの違い、以前との違い……。**まず比較対象を示して、相手との間に「相場」を共有することが必要です。**

ビジネスでは売り手とお客さま、上司と部下、現場と管理職など、持っている知識が異なる人同士が会話をすることが普通。理解してもらえずに「この、わからずや!」と怒るよりも、はじめから「Aは○○ですが、Bは△△です」という話し方をクセにしておいたほうが誰とでもスムーズに意思疎通できるのです。

では練習として、次の問題に挑戦していただきましょう。

問題　**電子書籍のメリットを説明しなさい。**

✕ いつでもどこでも簡単に本が買えて、気軽に読むことができる。

○ 紙の本は本棚やカバンに入る数が限られるのに対し、電子書籍は何千冊でも持ち歩くことができる。

本というものは、昔から「いつでもどこでも気軽に」読むことができるもの。それにコンビニや駅の売店など、案外いたるところで売られているものです。

「電子書籍の特徴」を説明するには、電子書籍「ではないほう」、つまり「紙の本」との違いを考えるのが正解。いちいち「紙との違い」と言われなくても、「ではないほう」にパッと気づきましょう。

「Aは○○、Bは△△」という型が身についていると、話すときだけではなく、考えを整理するときにも役に立つのです。

まとめ

違いの説明＝Aは○○＋Bは△△

2 結論は最初の3秒で

ホウレンソウ。報告・連絡・相談のことです。

仕事の進み具合や取引先とのトラブルなど、なんでも上司に報告・連絡・相談しなさいと、新入社員は叩き込まれます。叱られるのが怖いからと上司に内緒で火消ししようとすると、結局問題が大きくなって会社に多大な迷惑をかけることになるからです。ならば問題が小さいうちに上司の判断を仰いだほうがいいですよね。

……という感じで「報・連・相の必要性」までは新人研修で教えられますが、いざ現場に出ると「最後まで聞いてもらえて、自分の評価も上がる報・連・相」ができる人と、「途中で話を切られたり、上司をイライラさせる報・連・相」をしてしまう人に分かれます。

その違いは、話の順番にあるのです。

問題 今日行われた「サッカー日本対韓国戦」の試合結果を報告しなさい。

×

試合開始15分、DF《ディフェンダー》の○○がファウルを取られPK。ここで1点先取されたものの、前半終了間際にFW《フォワード》の△△がコーナーキックからのこぼれ球を拾ってゴール。後半はしばらく膠着《こうちゃく》状態が続きましたが40分に……

○

3対1で日本が勝ちました！　そのうち2本のゴールを決めたFWの△△がこの試合のMVP。これで次のウズベキスタン戦に勝てば予選突破に王手がかかります。

最初に試合の結果を伝えましょう。誰がどうゴールしたかはそのあとです。

ものの説明の仕方には「①時系列順（出来事が起こった順番）に述べる」と「②結論を先に述べる」の2通りがありますが、**ビジネスでは結論を先に述べるのが基本**です。

どこの会社でも上司というのは忙しいもの。ゆっくり部下の話を聞いている時間はありません。

モタモタしていると報告の途中で上司の電話が鳴ります。同僚が「急用」といって割って入ります。あるいは自分がお客様からの電話で呼び出されるかもしれません。

結論は3秒で伝えましょう。いつ中断してもいいように。

結論（幹）を言ったあとで、その他の細かい情報（枝葉）を加えていくのです。

プレゼンテーションには、PREP（Point, Reason, Examples, Point）あるいはSDS（Summary, Details, Summary）と呼ばれる構成があります。いずれにしても「結論を先に言う」という点では同じこと。

新聞の記事は「事件の概要→詳細な情報→背景」というように段落が進んでいきます。紙面の都合で文章を短くするときは、最後の段落（枝葉）から順に切っていけば大事な内容（幹）を変えずに記事の長さを調節することができるのです。

報・連・相＝幹から枝葉へ

特に「バッドニュース」ほど、意を決して結論から入りましょう。言いにくいからと枝葉から始めると、「言い訳がましいやつ」という印象を持たれてしまいます。

それにトラブルには素早い対応が必要です。グダグダな説明を始めたばかりに「忙しいから、あとで」と断ち切られては、伝達が遅れて問題が大きくなってしまいます。

問題 外国人に金閣寺について説明しなさい。

✕ 足利義満によって建てられ、正式名称を鹿苑寺《ろくおんじ》金閣という。1階は寝殿造、2階は書院造、3階は禅宗様。1950年に放火により焼失し、その後再建された。

◯ **京都にある、全体が金色の寺。600年前に将軍の別荘として建てられ、現在は世界遺産になっている。**

「Sounds great!! ゼヒ案内シテクダサーイ！」と言われるのはどちらでしょう？

「鹿苑寺金閣」「足利義満」は日本史のテストでは重要な情報かもしれません。しかしそれは、この建物が金色であるということが日本では当たり前すぎる大前提だから省略されているだけのこと。お寺だらけのこの国に来た外国人の興味を引くのは、やはり「金色の建物」という特徴でしょう。

何が「幹」で、何か「枝葉」かは、伝達する相手によって異なるのです。

まとめ

伝達=幹から枝葉へ

3 形容詞を数字に置き換えると

「引き留められるときが辞めどき」という言葉があります。

辞表を出したときに「そっか、いままでご苦労さん」と引き留めてもらえなかった場合、自分の価値はまだその程度。他の会社からも高く評価されることはないでしょう。

これに対し「君に辞められたら困るんだよ」と引き留められるようになったら、自分には十分な価値があるということ。転職市場に打って出るもよし、いまの会社に残って給料アップの交渉をするもよし。

転職するなら、自分を高く売れるタイミングまで待つべきです。

でも難しいのは、実力があるのにその価値が社内で認められていないケース。会社の上司に見る目がないのか、あるいは自分の実力を伝えるのが下手なのか……。

問題　前の職場では、どんなお仕事をなさっていましたか?

✕ いままで勤めていたレストランでは、お客様への笑顔を心がけ、わりと早くから看板娘的存在として活躍しました。

◯ **いままで勤めていたレストランでは、接客マニュアルを改善して売上を前年比20パーセント伸ばし、お客様のリピート率も前年の10パーセントから75パーセントまで向上させました。**

「看板娘的存在」といっても町中の男性客を虜《とりこ》にしていたのか、それとも単なる自称なのかわかりません。「わりと早く」というのも、入店1週間なのか1カ月なのか1年なのか。

町内会のイベントであれば「当店の看板娘の登場です！」と紹介されたほうが盛り上がるでしょうが、就職や転職の面接というのは、最初から厳しい目（ネガティブな目）で見られるもの。

「自称だろ？」と言わせない**「客観的事実の裏付け」**が必要なのです。

形容詞でなく、数字で話す

「注目されている」→「ブログのアクセスが1万件を超えた」

「努力した」→「1日16時間練習した」
「信頼されている」→「8割のお客様が10年以上のお付き合い」
「美人すぎる」→「コンテストで得票数1位」

自分自身について「形容詞でなく、数字で話す」ことを意識してみると、意外と難しいものです。それは、日頃から自分の成果を数字で測る習慣がないから。数字を意識しないから「実績」をつくることができないし、数字化しないから自分の実力を社内にも社外にも伝えることができずにいたのです。

これから就職や転職をしようという人には、前もって**「数字で表せる実績」をつくっておくこと**をおすすめします。

> **問題**　「やばいよ、やばいよ！　このままじゃ俺の代で会社潰れちゃうって！　そもそも君たちがもっと売ってくれたら、こんな事態にはならなかったんじゃないか。いいから売って売って売りまくってこい！」
> パニクっている3代目の若社長に対し、一言もの申してください。

× わかりました！　ただちに飛び込み営業に行ってきます！

○ **まず財務諸表と今月の売上、それから諸経費の一覧を見せてください。最も会社を赤字に追い込んでいる部署を明らかにした上で、解決策を考えましょう。**

あたかも会社の経営状態が「やばい」のは営業マンのせいだと言わんばかりの社長ですが、もしかしたら、仕入れのミスで大量の在庫を抱えているのかもしれません。あるいは、不動産投資で失敗したのかもしれません。

どの商品がどれだけ売れていて、どの部署がいくらの赤字を出しているのか、これらを**数字で「見える化」**しなければ、企業努力は始まらないのです。

別の見方をすると、「やばい」「たくさん」といった形容詞で話す社長は、何か重大な事実を隠しているのかもしれません。

まとめ

形容詞でなく、数字で話す

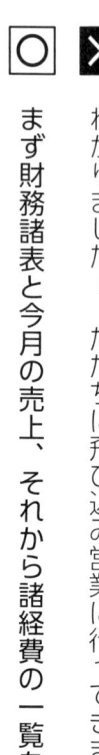

4 「似ている」と「同じ」は全然違う

2011年、「大学生の約半数が天動説を信じている」「4人に1人は『太陽は東に沈む』と答えた」という調査結果が「学力低下の衝撃的実態」として報じられました。

もっとも、「どこの大学か」という問題もあるのですが……。

「ゆとり教育もここまできたか」

「ガリレオの苦難が報われない」

「日本の将来が思いやられる」

そんな「ゆとり世代の学力低下」をお嘆きのみなさんであれば、次の問題は朝飯前のはず。スッキリ答えて、大人の底力を見せつけてやりましょう。

問題 日食と月食について説明しなさい。

✕ 日食とは太陽と地球の間に月が入るため太陽が欠けて見える現象で、月食はその反対に月と地球の間に太陽が入るため……ん？

◯ **日食は太陽が月に遮られるために欠けて見える現象で、月食は地球の影が月に映るために月が欠けて見える現象。**

実はこの問題、「引っかけ」です。

太陽と地球の間を月が遮って太陽が欠けて見えるのが日食。ここまでは正しい説明です。しかし、「月と地球の間に太陽が入」ったら、それはおそらく地球滅亡の日！

これは「日食」「月食」という響きの似た言葉から「太陽と月が入れ替わるだけの同じようなもの」と早合点してしまった結果です。

たしかに「太陽が欠ける」「月が欠ける」という点は似ています。しかし、「覆われて見えなくなる」ことと「影が映って暗くなる」ことでは、仕組みがまったく違うのです（実際、皆既日食では太陽も空も真っ暗になりますが、皆既月食は真っ暗にはならず、赤暗い満月になるだけです）。

「似ている」ことは「同じ」ことにあらず。

どこかが違うから「同じ」ではなく「似ている」のです。

似ている＝共通点＋相違点

ｉＰｈｏｎｅ風のスマホ、ダイソン風の掃除機……家電業界は「パクってなんぼ」の世界です。でも、まったくのコピーでは老舗メーカーの名が廃る。そこで、ボタンを増やしたりお知らせ機能をつけてみたりと、**小さな「差別化」を図る**わけです。真似したり差別化したり、忙しい。

クリエイティブ魂あふれるサラリーマンにとっては、不遇の時代かもしれません。不景気で守りに入った大企業ほど、企画会議では他社に続く「二匹目のドジョウ」を求めるもの。独創的なアイデアは胸の内に秘め、「イメージは○○と同じですが、なんと、この紙パックが違うんです！」とプレゼンすることも必要なのです。残念ながら。

さて、そんな会社に嫌気がさしたら、気分転換に一杯飲みませんか？

問題　**ウイスキーとブランデーについて説明しなさい。**

× 麦からつくるお酒がウイスキーで、ブドウからつくるお酒がブランデー。

○ **蒸留酒のうち、麦からつくるのがウイスキーで、ブドウからつくるのがブランデー。**

「蒸留酒」とは醸造酒（麦やブドウなどを発酵させたお酒）を加熱し、水分とアルコールを分離して高濃度にしたもの。アルコール度数が高いため、保存や旅の携行のためにつくられるようになったといいます。

「麦からつくるお酒」「ブドウからつくるお酒」だけでは、ビールやワインとの違いが説明できません。

「違い」にばかり気をとられていると、ウイスキーとブランデーに共通する重要な特徴を見落としてしまうのです。

共通点とは、他のグループとの違いでもあるのです。

まとめ **似ている＝共通点＋相違点**

5

「結果」だけでは「変化」にならない

日産がカルロス・ゴーン社長を迎えて復活を遂げようとしていた2000年、同社のキャッチコピーは「日産ルネッサンス」。韻を踏んでいて、うまいコピーでした。

他にも「教育ルネッサンス」「柔道ルネッサンス」など、あちこちで使われる「ルネッサンス」。なんだかすごいことが始まりそうな響きではありませんか！

ところで、本来の「ルネッサンス」ってどういう意味でしたっけ？

ちなみに、国語のテストの問題文にも「ルネッサンス」という言葉はよく登場するので生徒に質問してみますが、いわゆる「世界史履修漏れ」世代の答えはこんなものです。

「えーと、あの、サイゼリヤに飾ってある系の絵？」

問題 ルネッサンスについて説明しなさい。

×

15世紀から16世紀にかけ、ミケランジェロやラファエロ、レオナルド・ダ・ヴィンチなどの天才画家が現れ、古代のギリシャやローマの古典に回帰しようという運動が起こった。

○

中世の美術ではキリスト教によって女性の裸が猥褻《わいせつ》なものとされたが、ルネッサンスの画家たちは、人間の肉体こそ神の最高の創造物であると考え、裸体を写実的に描くようになった。

現代風にいうと「ヘアヌード解禁」。さすがに高校がこのように教えたら、保護者からのクレーム対応に追われそうですが。

「古典に回帰した」だけでは、むしろものすごく保守的な人たちのようにも聞こえてしまいます。これでは新時代のイメージとは正反対ですね。「天才画家」と呼ばれるのも、単に「絵がうまいから」とも「描くのが速いから」とも解釈できてしまいます。

歴史上の人物とは「何かを変えた人」、歴史のテストに出る用語も「それまでと何かが変わった出来事」。ナポレオンも産業革命も、その前と後の世界を大きく変えたからこそ歴史的な価値があるのです。

つまり「ルネッサンスとは」と問われた時点で、それは「変化を説明せよ」という意味なのです。いちいち言われなくても「変化」だと察するべきなのです。

歴史の勉強が苦手な人は、「そのとき起きた出来事」を一つひとつ個別に暗記しようとするもの。そのため「前と後の変化」をセットで押さえる人に比べて2倍の労力を費やしてしまいます。

変化＝ビフォー＋アフター

テレビのリフォーム番組やダイエットサプリの広告も同じ。きれいになった姿だけ見せては「元がよかったんだろう」と思われてしまいます。「変身前」のトホホな写真と並べるからこそ、匠の技やサプリの効用が引き立つのです。

携帯情報端末の世界では、「新製品」を発表したのに前のモデルとの差が小さいと会社の株価にまで響いてしまいます。

価値はギャップから生み出されるのです。

> **問題** 2週間の社員研修が終わりました。感想文を書きなさい。

×

わりと学びの多い研修でした。コーチのおっしゃることも私が日頃から考えていたことと重なる点が多く、納得できました。コストパフォーマンスの高い研修だったのではないでしょうか。

○

この研修に参加する前の私は、仕事の意味が見出せず会社を辞めようかと考えていました。しかし、コーチの熱血指導のおかげで入社した頃の熱い想いがよみがえり、もう一度最前線に立ちたいと思えました。

研修講師や学校の先生という人種は（私も含めて）、「自分の指導によって相手が変化する姿を見ることが何よりも大好き」というおせっかいな生き物です。

この場合、**「ビフォー」をできるだけダメダメな感じに下げて言うのがコツ。**

「アフター（現在）」とのギャップが大きいほど、「立派な指導者」の自尊心をくすぐります。

まとめ **変化＝ビフォー＋アフター**

6 「あるといい」より「ないと困る」

クリスマスが近づくと、女性誌の表紙には「聖夜のおねだりリスト」といった特集の見出しが躍ります。はじめから「ねだって当然」というこの立ち位置。女性も開き直ったものです。ティファニーだろうがエルメスだろうが、罪悪感はありません。バレンタインに安いチョコでも返しておけば十分です。

もっとも男のほうも好きで貢いでいるわけですから、彼が公金横領などに手を染めない限り、他人がとやかく言うことではありません。

2人の幸せを祝っておきましょう。

ちなみに、「ねだる」を漢字で書くと「強請る」。

にわかにカツアゲまがいの行為に見えてくるのは気のせいでしょうか？

問題 社内に自販機を設置してもらえるよう、上司を説得しなさい。

×

最近業績も順調だから、いいじゃないですか。それにいまの自販機は省エネ、省スペースになってるし。自販機を置いてくれたら仕事のやる気も上がりますよ、きっと。

○

社内に自販機がないと、近所のカフェに行くことになります。この近所にはライバル会社が多いため、社員同士の茶飲み話から社内機密が漏れる恐れがあります。セキュリティの面からも、社内に自販機は必要です。

「業績が順調」「省エネ、省スペース」は、自販機が「あっても困らない」条件に過ぎません。

それに「仕事のやる気も上がる」というのは一見メリットのようにも聞こえますが、「ふだんもやる気あるんだよね?」と返されたら、「ありません」と答えるわけにもいかないでしょう。

あっても困らないものは、なくても困らないものなのです。

必要性=それがないと困ること

人は「プラス」が目の前にあっても、ケチるときはケチるもの。ところが「マイナス」はなんとかして避けたいと思うのです。

たとえ本音は「楽しい」「快適」「カッコイイ」というプラス面に引かれただけであっても、タテマエとしては**「それがないと困る」ことを説明しなければ他人を動かすことはできません。**

村に空港を建設してほしいのであれば、「東京に遊びに行くのが楽になる」ではなく、「空輸しなければ村の特産品の鮮度が保てないんです」。

親に携帯型ゲーム機を買ってもらいたい中学生は、「勉強もちゃんとするから」ではなく、「お母さん、最近物忘れが多いじゃん。脳トレやらないと」。

バンドとは別にソロ活動を始めたいボーカルなら、「印税も人気も独り占めしたい」ではなく、「音楽性を広げなければバンドがマンネリ化するじゃないか」。

キャバクラでは「病気になっちゃって、手術に100万円必要なの」といって客に現金を貢がせることを「病み営業」と呼び、定番の手法になっているそうです。

問題　中学生が制服と頭髪のルールを守るべきなのはなぜか、説明しなさい。

✕ 生徒の服装が乱れていては、周辺地域の人たちが本校に対して悪い印象を持つことになってみっともないから。

〇 **教室で誰かの財布がなくなったとき、髪を染めて制服を着崩している不良っぽい生徒が真っ先に疑われるから。**

たしかにどちらも「服装のルールを守らないと困る」ケースですが、問題は「**誰が困るのか**」という点です。

周辺地域で悪評が立つと、困るのはむしろ学校。現場の先生方は管理能力を疑われますし、校長は次の人事に影響が出かねません。

しかし、生徒本人にとってはどうでもいいこと。本人が困らないことをいくつ挙げても説得力は生まれません。

「ルールを守る必要性」を説くなら、ルールを破った本人が困るケースを挙げましょう。

まとめ
必要性＝それがないと困ること

7 浮気疑惑は固有名詞で切り抜ける

ブログやSNSは便利なものですが、その半面、ネットには嘘の情報が無数に飛び交うようになりました。個人的感想なのか広告なのか区別のつかない商品紹介も氾濫しすぎて、せっかくお気に入りのものを紹介しても「ステマでしょ?」「アフィリエイトでしょ?」「詐欺でしょ?」となかなか信じてもらえません。

「情報リテラシー」といえば第一に「騙されないこと」を意味しますが、これからは**「適切に信じてもらえる発信力」**も大事なリテラシーになってきそうです。

では、信じてもらえないと大変なことになる、こんな状況を切り抜けてください。

問題 奥さんに問い詰められました。「あなた、浮気してるんじゃないの? ゆうべ遅かったけど、どこに行ってたの!?」
うまく言い訳してください。

× 友だちと飲みに行ってただけだってば、駅前の居酒屋で。ホント、ホント。信じてくれよ。

○ **新人の山田くんってのがね、若いのにパパになったというんで新橋の「和民《わたみ》」でお祝いしてあげてたんだよ。**

「『友だち』？　ふーん、その友だちって、男なの？　女なの？」

こういう尋問モードに入った女性は厄介です。何を言っても疑って証拠を求めてきますから。「いますぐその『友だち』に電話してみてよ！」なんてことになったら面倒です。

ところが「山田くん」「新橋」「和民」と具体的な固有名詞がスラスラ出てくると、「本当なのね」と信じてもらいやすくなります。しかも、「パパになった」という言葉で「相手が男である」ということを間接的に示しているのが巧妙なところ。

冷静に考えれば、その場で「山田くん」に電話確認されるリスクは残ります。でも奥さんのほうにも「本当だったときの気まずさ」と「夫の疑わしさ」とのリスク計算が働きますから、疑わしさが減ればわざわざリスクを冒して確認しようとまでは思わないのです。

信憑性＝「いつ、どこで、誰が、何を」を固有名詞で

残念ながら信用されないものになりつつあるのが、就職活動で学生が書いてくる自己PRです。無理に背伸びしたものが多すぎて、採用担当者をうんざりさせているのです。

そんな中で信じてもらうためにも、具体性はとても重要。

「ボランティアグループに入って、被災地に行ってきました」ではなく、「7月から8月までの2カ月間、NPO法人『ワークドラゴン』に所属し、陸前高田市でがれきの処理を手伝いました」と固有名詞で書きましょう。

ちなみに「相手を信用させる」プロといえば、年々巧妙化する「振り込め詐欺」。

彼らはお金の話をする前に、警察官や駅の落とし物係を装って個人名や会社名を聞き出すプロセスに時間と手間を費やします。固有名詞さえ手に入れれば、老後の蓄えを根こそぎ騙し取るのも思いのまま、というわけです。

問題　「君、最近評判悪いね。新人のくせに生意気だって、みんな言ってるよ」という先輩のひと言。何か言い返してください。

✕ ええぇ、そうなんですか⁉ このままじゃやばいですよね？ みなさんに気に入ってもらえるように仲介してもらえませんか？ 先輩だけが頼りですぅ。

◯ **「みんな」って誰と誰ですか？ 何か失礼があったのであれば私が悪いので、謝りに行こうと思います。教えてください、誰と誰なんですか？**

「みんなが言ってるよ」の正体が、実は言っている当の本人ただ1人というのもよくあること。

ところが、この「みんな」を真に受けてしまうと、あたかも四面楚歌のように感じて、まわりの言動すべてが自分への当てつけのように見えてしまうのです。これは辛い。

具体的な正体がわからない敵は、実際より数倍怖く見えてしまいます。

「いつ、どこで、誰が、何を」言っていたのか。これが不明な情報は「信じるに値しないもの」として無視してしまうのが、自分の心の健康を守るコツなのです。

まとめ
信憑性＝「いつ、どこで、誰が、何を」を固有名詞で

8

「意見を述べよ」に「感想」を答えるな

「えっ、あっ、意見ですか？　特に……ないんですけど（汗）」

「まったく、ゆとり世代は自分の意見すらろくに言えないんだから！（怒）」

「意見」を求められると、何も答えられず固まってしまう人は少なくありません。そんな新人を見た上司や先輩は、「主体性がない」「頭が空っぽ」「人の話を聞いてない」「態度が反抗的」など、言いたい放題。

でも、本当に「頭が空っぽ」なのでしょうか？

案外、本人は「ここで自分の感想を言っても『そんなの聞いてない』とか言われそうだし、本で調べたことを言っても『知ったかぶりしやがって』と思われそうだし、一体、何を答えたら『意見』になるんだろう？」とあれこれ考えているかもしれません。

問題　キラキラネームが増えている現状について、君の意見を言ってくれ。

✕

子どもに変わった名前をつけるのは教養のない人のすることだ、と吉田兼好も『徒然草』の中で言っています。個人的には子どもが可哀想だなと思いますね。ゆとり世代の親たちは理解不能です。

◯

キラキラネームは、優等生よりも唯一無二の存在になってほしいという親が増えている証拠です。だから、わが社の教育雑誌も「できる子を育てる」ではなく「アヴァンギャルドな子を育てる」路線のものを出したら売れると思います。

ビジネスマンの世界で「意見」といったら、「事実の説明」や「個人的な感想」ではなく、**「提案」**のことだと覚えておきましょう。

なぜなら、**議論を前に進めるために聞かれるのが「意見」**だからです。

「可哀想」「理解不能」は個人的な感想。感想を述べられても、「はぁ、そうですか」と言うしかありません。人の気持ちや感想には賛成も反対もしようがないため、そこから議論が発展することはないのです。

しかし、「アヴァンギャルドな子を育てる教育雑誌を出そう」と言われたら、その案を実行するかしないかを決める必要が出てきます。おそらく賛成の人、反対の人がいて、それぞれの主張を戦わせるでしょう。それでこそ、会議は前に進みます。これが、ビジネスマンに求められる「意見」なのです。

意見＝提案すること

とても単純なことなのですが、これを学校でも教わったことがないばかりに「何を答えたらいいのかわからない」と沈黙してしまう若者は非常に多いのです。

「〜するべきだ」「〜が必要だ」「〜はやめよう」……などなど。意見を求められたら、これらの形で発言しましょう。

もっとも、新人のうちは間違った提案や青臭い提案をしてしまうことはよくあること。でも、反対を恐れる必要はありません。

むしろ反対されてこそ一人前の「意見」。誰からも反対されない発言は、「あってもなくてもいい言葉」に過ぎないのです。

問題　「社員全員で毎朝トイレ掃除をしよう」というワンマン社長の思いつきについて、意見を述べなさい。

×

大賛成です。社員が団結し、環境もきれいになって業績も上がる。すばらしいアイデアでございます。パチパチパチ♪

○

大変すばらしいご提案だと思います。いっそのこと掃除用具も新調して楽しく掃除できるようにしたら、社員のモチベーションも上がると思います。

絶対に逆らえない権力者というのはどこの組織にもいるものですが、だからといって「全面賛成」というのは芸がありません（サラリーマンの世界で特定の人間のイエスマンになるのは危険です。社内の権力争いでボスが失脚すると、一緒に粛清されてしまいます）。

こういうときは、**「権力者のアイデアを前に進めるための新たな提案」**をしましょう。

反対するのは、せいぜい備品の担当者くらい。社長からはイエスマンでもなく反逆児でもない、「前向きな意見を言える部下」と高く評価してもらえます。

まとめ

意見＝反対を恐れず提案する

9 「絶対大丈夫」と思わせる話の構造

広告の世界で「絶対」「必ず」「常に」「100パーセント」「一番」などは、使うのに注意が必要な言葉です。1つでも例外があると「虚偽広告」と訴えられてしまうからです。

除菌のできる洗剤のCMで、まな板の上のバイ菌のCGが消えていき、最後の1つだけ残して映像が切り替わるのも同じ理屈。「どの家庭の台所でも完全滅菌できる」と保証することはできないのです。

かといって、何を聞かれても「絶対とは言い切れません」「保証はできかねます」ばかりではまるで責任逃れをする役人のようで、相手を説得することはできません。

ビジネスマンたるもの、売上のためなら自信たっぷりに言い切ることもときには必要です。

問題 「この塾なら絶対に医学部に受かる」と保護者に確信させなさい。

✕ 当塾は24時間スパルタ個別指導を行うので、どのお子さんも成績が上がります。しかも教えるのは、テレビでも有名なカリスマ講師ばかりです。

◯ **当塾は24時間スパルタ個別指導を行うので、どのお子さんも成績が上がります。たとえ実力不足で落ちても、裏口入学のコネクションを用意しております。**

「24時間スパルタ個別指導」も「有名カリスマ講師」も、学力を上げる工夫を重ねたに過ぎません。学力が上がらない可能性を無視しています。

教育というのは、思い通りにいかないのが当たり前の世界。どんなに効果的な指導法を発明したとしても、相手は機械ではなく人間です。本人にやる気がなかったり、そもそも医学部受験の暗記型猛勉強とは適性の違う芸術肌の生徒だったりしては、塾がどんなに頑張っても限界があるもの。

たとえ塾のせいではなかったとしても、1人でも例外があれば「絶対＝100パーセント」とは言えません。

ならば、はじめから落ちる生徒がいることを前提に「100パーセント」を考えるべきでしょう。すなわち「落ちた生徒も合格させる仕組み」が必要なのです。

絶対＝できる理由＋できない場合のフォロー

厳密には、裏口入学のコネクションがあっても「100パーセント」とは言い切れません。親が大金を用意できなかったり、あまりにも成績がひどすぎて「いくら裏口でも、やっぱり無理」と断られる可能性もゼロではないからです。

しかし、それにもかかわらず人は、**2段階で説明されると「100パーセント保証された」ような気がして安心してしまうもの。**2段階保証の錯覚です。

「日本一安い」と言うためには「表示価格はどの店よりも安いです。万が一、他店がもっと安くしたら、いつでもさらなる値引きに応じます」と明言することが必要です。

「原発は安全だ」と日本人が思い込んでいたのは「万が一壊れても、非常用の電源が作動します」と言われていたからです。まさか、愚かにもその非常用電源を同じ場所に置いてあったとは思いませんから……。

問題　**「弊社のクラウドサービスは絶対に安全」と言い切ってください。**

×
弊社のサーバはサービス開始以来、一度もトラブルを起こしたことがありません。だから絶対大丈夫です。

○
お客様のデータは、すべてバックアップを取っているので失われることはありません。たとえ世界中の電気が全部止まっても、紙にプリントアウトしてあるので大丈夫です。

これぞデジタルとアナログの併用。何があっても大丈夫そうです。万が一すべてのデータがダメになってしまっても、最悪の事態は防ぐことができます。

「いままでトラブルがなかった」というのは、今後もトラブルがないという直接の根拠にはなりません。

規模が小さかったからハッカーに狙われなかっただけかもしれませんし、今後ハッカーの技術が進歩したり、核戦争が起きたりするかもしれません。

「あり得ないことまでフォローする」のが安心感を生む秘訣なのです。

まとめ
絶対=できる理由+できない場合のフォロー

10

「残念」「ガッカリ」の正しい使い方

「残念な○○」という表現があります。

「なんか、残念な感じの店だよね」

「今日のあの子のファッション、ちょっと残念だよね（笑）」

「それって、残念な人の行動パターンだよね」

これらの言い方は、使い方によっては「上から目線でものを言っている」という印象を与えてしまうため注意が必要です。

「残念」という言葉自体は昔から何の問題もなく使われてきたものなのに、近年の「残念な○○」になるとニュアンスが変わってしまうのは、なぜでしょう？

問題　「うちの上司、残念なんだよなあ」

さて、どんな上司？

×

うちの部長、営業に行くと必ず大事な資料を忘れてくるんです。ホントもう、残念すぎる。

○

うちの部長は、入社1年目から営業成績トップを独走し、新サービスの企画立案から若手社員の教育まで、なんでもこなすスーパーサラリーマン。ただ、備品のトイレットペーパーをこっそり持ち帰るクセだけはどうにかしてほしい。

「残念」という言葉を辞書で引くと、このように載っています。

ざん・ねん【残念】《名・形動》

①もの足りなく感じること。あきらめきれないこと。また、そのさま。「―なことをしてくれた」

②悔しく思うこと。また、そのさま。無念。「負けて―だ」

このうち②は自分の気持ちなので、他人やものに対して用いられる「残念な○○」は、①の意味ということになります。

「もの足りない」というのは、「全体としては悪くないのに、一部欠けている点がある」

ということです。「トイレットペーパーを持ち帰るクセ」を暴露していても、「なんでもできるスーパーサラリーマン」と全体的に褒めているのであれば、「上から目線」には聞こえません。

ところが、「資料を忘れてくる」だけで「いい点」との対比を述べないと、聞き手には「自分は完璧にできるのに、部長はそれができない」という自分との対比に聞こえてしまうのです。

「残念な○○」という表現が「上から目線」に聞こえてしまうのはそのためです。

残念＝いい点8割＋悪い点2割

「残念な店だよね」が、「私はもっといい店を知っているのに」というグルメ自慢に受け取られないようにするためには、こう付け加えましょう。

「料理は本格派のフレンチでおいしいのに、なんでギャルソンの返事が『へい、喜んで！』なの？　残念だよね」

問題　あなたの「ガッカリな部下」に、一言。

× 新しいプロジェクトを任せたのに、中止だって!? ガッカリなやつだねえ。

○ 君なら能力もあるし人望もあるから、新しいプロジェクトを任せても成功すると期待していたんだよ。それなのにプロジェクトが中止になるなんて、ガッカリだよ。

「ガッカリ」も先ほどの「残念」同様、使い方を誤ると相手を見下しているかのように聞こえてしまう言葉です。

そもそも「ガッカリ」とは、期待と現実のギャップから生じるもの。だから、この言葉を使うときには**「その前にどれだけ期待していたか」を前置きしましょう**。そうすれば自分が怒っているのも期待の裏返しということになり、部下に恨まれることもなく前向きに事を進めることができます。

まとめ

残念=いい点8割+悪い点2割

11 「これでもいい」より「これじゃなきゃダメ」

仕事というのは、選択の連続です。

どちらが売れるか、どちらが安全か、どちらがイケているか。常に複数の可能性の中からベストな1つを選ぶことを迫られます。優柔不断に迷っているわけにはいきません。「仕事＝選択」ということは、「選べない＝働いていない」ということになります。

ただし、その選択が正しいかどうかは、多くの場合やってみなければわからないのが難しいところ。

そこで大切なのが、**「なんとなく」ではなく、理由のある選択をすること。そしてその理由を説明できること**です。

> **問題** 君の描く漫画ってマンネリだよなあ。どうしてどの作品も、主人公の職業が消しゴム版画家なのかね？

✕ 私は恋愛をテーマにしているので、主人公の職業にはこだわらない主義なんです。それに他の職業もほとんど出尽くしていたし。

○ **消しゴム版画という素朴なモチーフだからこそ、いろんな人間模様を表現することができるんです。それに日本で消しゴム版画の文化を伝え続けるのが私の使命ですから。**

「こだわらない」というのは職業のバリエーションを考えない理由かもしれませんが、わざわざ消しゴム版画家を選んだ理由にはなりません。カリスマ美容師でも自衛隊員でもいいことになります。

このように「他のものでもいいけれど、仕方なく」という理由を**「消極的理由」**といいます。

これに対して「消しゴム版画でなければ成立しない」というのが**「積極的理由」**。あるいは「必然性」ともいいます。もちろん説得力があるのは断然こちら。

消極的理由＝他のものでもいい

積極的理由＝他のものではダメ

仕事上のあらゆる選択には「積極的理由」が必要です。なぜなら、その選択は会社の経費の使い道でもあるからです。

あなたのアイデアを実行するために会社が支払っている経費は、あなたの月給をはるかに超えているかもしれません。

その選択がハズレであっても、あなた自身は月給なり時給なりの給料を変わらず受け取り、損害は会社が被ります。

だからこそ、**「積極的理由」を説明できない選択では会社を動かすことはできない**のです。

自分の提案や企画が受け入れられないと、ついつい「うちの上司は頭が固い」「大企業病だ」などと会社を悪く言ってしまいがちですが、一度その企画を経営者の立場から見直してみましょう。

案外、「積極的理由＝他のものではダメな理由」が抜けていたりするものです。

問題 「士農工商っていうけど、なんで農民が2番なの？　一番身分が低かったんじゃないの？」

この子の疑問に答えなさい。

×

本当は一番下なんだけど、それだと農民が可哀想だから2番にしてあげたんだよ。

○

殿様が土地を支配していて、その土地で農民が稲を育て、その藁《わら》で職人が草鞋《わらじ》をつくり、その草鞋を商人が売るという生産の順番を表しているからだよ。

「可哀想だから2番」では、なぜ1番や3番ではないのかという説明になりません。しかし、「生産の順番」であれば、2番以外はあり得ないことになります。

一般に「士農工商」という言葉は「身分の上下関係」と思われています。しかし、それでは農民が2番目である「必然性＝積極的理由」に欠けることに気づくと、第1次産業、第2次産業、第3次産業に対応する「役割の違い」であることが発見できます。

必然性を探すことは、新たな視点をもたらしてくれるのです。

まとめ

消極的理由＝他のものでもいい
積極的理由＝他のものではダメ

12 できる人は「微妙」と言わない

「この企画、どう思う?」「ビミョーだと思います」

「締め切りには間に合いそうか?」「ビミョーです」

「ねえ、おいしい?」「ビミョー」

一体、どっち!?

いわゆる「できる人」「出世する人」は、この「微妙」という言葉をまず使いません。

彼らは好きか嫌いか、いいか悪いかを断言するので「わかりやすい人」「ハッキリした人」と評価されるのです。

あなたが上司だったら、会議に出席させたいのは白黒つける部下ですか? それともグレーな言葉でごまかす部下ですか?

問題 「あの映画、ビミョーだったなあ」さて、どんな映画?

✕ なんか、うーん、って感じなんですよ。よいとも悪いとも言えず、まさにビミョーとしか表現できない感じ。

〇 ストーリーはとってもよかったんだけど、セットや衣装が安っぽくて民放の昼ドラみたいな映像なんだよね。

「よい」とも「悪い」とも言い切れないということは、よい点と悪い点があったということです。もし全体的な評価で白とも黒とも言い切れない対象だったのであれば、少なくとも「白（よい点）」と「黒（悪い点）」を整理して答えましょう。

「締め切りに間に合いそうか？」と聞かれたら、「全体はすでにできているのですが、イラスト担当が職人的にこだわっていて、いつ終わるかわかりません」。

「ねえ、おいしい？」と聞かれたら、「素材の味が活きてるねえ。僕はもうちょっと味が濃いほうが好みだけど」。

「私のこと好き？」と聞かれたら、「顔は超タイプだけど、話しているとマジ疲れる」。

微妙＝よい点5割＋悪い点5割

「微妙」が口癖になっている人は「よい点と悪い点の分析は諦めました」と毎日言っているようなもの。「思考停止」の烙印を押されないよう、いますぐ言葉を変えましょう。

これは逆に人から「微妙」と言われたときに、「はぁ、そうですか……」で済ませてはいけないということでもあります。すかさず「どこがよくて、どこが悪いんでしょうか?」と尋ね返しましょう。

よい点と悪い点を区別するから、改善することができるのです。

もしかしたら相手もパッと見の直感で「微妙」と言っているかもしれません。しかし直感には、本人も気づいていないような合理的な理由が隠れているもの。「どこが悪いのか」と食い下がることによって、相手も自分の違和感を言葉で整理できるのです。

ところで、「微妙」と似た言葉に「複雑」があります。これも正しい意味がありながら、日常的にはあいまい表現として用いられることが多い言葉です。

問題 代表メンバーが決定。キャプテンから一言お願いします。
「えー、複雑な気分ではありますが、チーム一丸となって頑張りましょう」
複雑な気分って、どういうこと?

×

代表に選ばれるまで、いろいろあったことが頭をよぎって、一言では言い表せない気持ちになりました。

○

自分が代表入りできたことはうれしいですが、一緒に合宿していたのに落選した仲間の悔しさを思うと、手放しで喜ぶわけにはいきません。

スポーツ選手も受け答えの技術が必要です。試合後のインタビューで言葉にキレのある選手は引退後に解説者の仕事を依頼されますが、言葉のグダグダな選手はテレビに呼んでもらえないからです。

また、そもそも現役時代からスポーツ新聞という難敵と毎日つき合わなければなりません。「代表入りしたのに複雑」というコメントも、それが「落ちた仲間への想い」という意味を正しく伝えておかなければ、翌日の新聞にこんな見出しが載ってしまいます。

「代表入りも、待遇に不満」

まとめ

微妙＝よいこと＋悪いこと

13 「方針」とは「やらないこと」を決めること

社長の仕事とは、なんでしょう？

「資金繰りをすること」

こう即答したあなたは、相当危険な会社にお勤めのようです。

「自家用ジェット機を乗り回すこと」

ご存じないようですが、日本の会社の99パーセントは中小企業です。

社長の第一の仕事は、方針を決めること。いくら社員が優秀でも、方針の定まらない会社では能力を発揮することができません。でも逆に、方針が明確であれば社員は迷うことなく業務に邁進できるので、そもそも社長が金策に走りまわる必要もないのです。

問題 あなたはコーヒーショップのオーナーです。従業員を前に今年の方針を説明してください。

✕

当店は流行に乗ってノマドのビジネスマン向けにリニューアルします。各テーブルに電源をつけましょう。ただ、これまでのファミリー層も大切にするためお子様ランチも始めます。これが軌道に乗るまでは客数を増やす必要があるので、夜はチューハイ飲み放題のサービスも開始します。

○

当店は学生や若いビジネスマンが創造的になれる空間を目指し、無線ＬＡＮと電源を完備します。家族連れは店のイメージにそぐわないので、お子様ランチは廃止します。

カフェなのかファミレスなのか居酒屋なのかわからない店には、結局誰も入ってくれません。近所で話題になることもなく、たまに話に出るとしても、せいぜい「駅前のうさんくさい店」。

商売で大切なのは、ターゲットを絞ることです。

店に置くもの、置かないもの。来てほしい客層と来てほしくない客層。これらがハッキリすればするほど、その店の特徴がわかりやすくなり、たとえば「アイデアがわくカフェ」などと認知されてクチコミが広がるのです。

方針＝やること＋やらないこと

リーダーにとって特に大事なのが**「やらないこと」の判断**です。ここを明確にしておかないと、お客さまや関係者にいろいろ言われている間に「あれも、これも」とやることが増えてしまい、その増えた分が本来やるべきだったことを妨害し始めるのです。

特に、始めたばかりの小さな商売や仲間と一緒に立ち上げたサークルなどではこの手の問題がよく起こります。今の活動を維持するために目の前の小さな利益を捨てられなかったり、協力してもらっているメンバーに義理を感じてしまったり。

貫きたい志と目の前の事情、どちらを取るかを決めるのがリーダーです。

問題　わがままなバンドマンがごねています。

「俺らがやりたいのは、こんなＪ－ＰＯＰなんかじゃねえんだよ。バリバリの80年代ハードロック。音圧とテクニックと様式美を極めたロックのアルバムをつくらせてくれよ」

プロデューサーから一言どうぞ。

✕

一応レコード会社の都合もあるからさ、次のシングルも基本はポップな曲調で間奏にハードロックの要素もちょっと入れるってことで、どうかな？

○

いまはデビューしたばかりだからポップな曲で知名度を上げてくれ。その代わり5年売れ続けたら、正統派ロックのアルバムをつくってファンを驚かせよう。

「やらないこと」といっても、永久に封印する必要はありません。同時にはできなくても時間差なら可能ということが、世の中にはたくさんあります。

ただし、**優先順位を決めるときは「Aが先」だけで終わらず、「Bは後回し」まで言うことが必要です。**

ここをはっきり言わないと、Bをやりたい人が却下されたと思って怒り出すおそれがあるからです。

小さなことですが、やはりものの言い方は大切なのです。

まとめ

方針＝優先順位＝やること＋やらないこと

14 伝わりにくい「もしも〜ならば」

運転免許の学科試験で何度も落ちる人は、問題文の読み方にクセがあるものです。

「片側1車線の道路で前の車が右折の合図を出しているとき、右側から追い越す」

正解は×。通常は右側から追い越しますが、「前の車が右折の合図を出しているとき」という条件があることに気づきましょう。自分も右から突っ込むのは自殺行為です。

「引っかけ問題じゃないか！　ずるい！」

このように出題者に逆ギレする人はまだましです。引っかけへの警戒心が読解力の向上につながるからです。伸び悩むのは、むしろ真面目すぎる人のほう。

「よし、もう一度、追い越しのルールを基本から覚え直そう」

問題　悪天候のため延期になっていた小学校の遠足を、あした晴れたら実施することがたったいま職員会議で決まりました。生徒に伝えてください。

×

あした晴れたら、遠足に行きますよ！　おやつは３００円以内。遅れずに集合してくださいね。

○

もしあした晴れたら、遠足に行きます。もし雨が降ったら学校で授業です。もう一度言いますよ。晴れたら遠足、雨なら授業です。わかりましたか？

「あした晴れたら」の場合しか伝えていないと、雨が降った場合「学校で勉強」するのか「休校」になるのか「雨でも決行」するのか、さらには曇りの場合はどうするのか、生徒たちが混乱します。

気の利く大人であれば「雨が降ったらどうするんですか？」と質問できるでしょう。でも相手は小学生。「遠足」と聞いただけで大興奮してしまい、**「場合分け」**までは頭がまわりません。

場合分け＝Aならば〜＋Bならば〜

この場合分けをめぐる行き違いは、非常によく起こります。

「もし小会議室しか使えないなら、プロジェクターはいらないよ」

「はい、わかりました！」

……2時間後、大会議室でプロジェクターがなく、あわてることに。

「もし小会議室しか使えないなら」は「もし大会議室が使えたら」とセットになっているはずなのですが、部下には「（もし小会議室しか使えないなら）**プロジェクターはいらないよ**」に聞こえていたのです。

人は、話を半分だけ聞く生き物なのです。

自分の話は一言一句すべて聞いてもらっていると思ったら大間違いなのです。

「（天候や交通事情によるキャンセルの場合は）**全額お返しいたします**」とお客様には聞こえていますから、「お客様ご自身の都合の場合は返金できませんよ」と念を押しましょう。

「（勉強ばかりで頭も体も疲れたら）**息抜きしましょう**」と聞こえてしまった浪人生は、息抜きすることに余念がありません。

問題　**「一定の目処《めど》がついたら、辞任します」**

さて、ご質問は？

✕ 目処がついたら本当に辞任するんでしょうね？　約束できますか？

〇 目処がつかない場合はどうするんですか？　ずっと居座るんですか？

大学入試センター試験の国語の問題は、文中の「〜ならば」「〜のとき」を見落とすと、多いときで15点ほど失うようにつくられています。受験生の読解力が「場合分け」に弱いことを、出題者はよく知っているのです。

面白いことに、国語に登場する「場合分け」問題で比較的よく正解するのは、文系よりも理系の生徒。

数学では「aがゼロ以上のとき」で計算をしたら必ず「aがゼロ未満のとき」が続くため、場合分けに慣れているのかもしれません。

まとめ

場合分け＝Aならば〜＋Bならば〜

15 確実に覚えてもらえる自己紹介

朝活や異業種交流会にセミナーの懇親会。向上心あるビジネスマンは社交の場も多いものですが、一方で「パーティーは苦手」という人も少なくありません。

そんなパーティー恐怖症の人に多いのが、「自分は相手に覚えられていないのではないか？」という不安。２度目に会ったとき、どう挨拶したらいいかわからないのです。

こういう場合は「〇〇です、お久しぶりですね。覚えてらっしゃいますか？」と自分から声をかけるのが正解。①名乗った上で、②前にも会ったことをアピールするので、たとえ向こうが忘れていたとしても話を合わせやすく、気まずくならないのです。

そしてもうひとつ、パーティーのたびに同じ心配をせずにすむコツがあります。

それは**「確実に覚えてもらえる自己紹介」**をしておくこと。

問題 **ここはパーティー会場です。10秒で自己紹介をしなさい。**

✕

どうも、千葉県出身の山本です。医療機器メーカーに勤めています。趣味は読書と音楽鑑賞です。よく人には変わり者と言われますが、自分では普通だと思っています。よろしくお願いします。

○

山本ジュンイチと申します。実家は千葉の木更津で、アサリ漁で生計を立てています。医療機器メーカーの営業職なので、何かあったらいつでも各分野の名医をご紹介できます。

まず、名乗るときはフルネームで。会場に同姓の人が複数いるかもしれません。それに手短に名字だけで済ますよりも、ゆっくりフルネームを名乗ったほうが自信ありげで優雅な印象を与えるものです。日本人は名字しか名乗らない人が多いので、フルネームを言うだけで差をつけることができます。

また、自己紹介のポイントは**「会場内の他の人と異なる点を1つ挙げる」**こと。出身地でも職業でも、珍しい情報があるなら、それだけに絞ってはっきり告げましょう。それがないなら省いてもかまいません。罪のない範囲で話を盛ることもテクニックのうちです。

そして大事なのが、**「相手に対するメリット」**。

「趣味は読書と音楽鑑賞」と言われても、自分になんの関係があるのかわかりません。「私と友だちになったら、こんな得をしますよ」というアピールを挟むからこそ、記憶に残るのです。

もっとも、これは前もって考えておかないと出てこないもの。真剣に考えすぎて「自分は誰の役にも立たない（泣）」と自己嫌悪に陥る人もいますが、探せば何か見つかります。実際、そのメリットのおかげで自分はこうして生きているわけですから。

自己紹介＝他の人との違い＋相手へのメリット

たとえ目の前の相手に直接メリットがなくても、「そうだ、この人を◯◯さんに紹介したら喜ぶかもしれない」と人脈を広げてもらえるかもしれません。むしろパーティー会場で名刺交換した人よりも、その後の紹介で広がる人脈のほうが自分にとって価値のある人脈になっていくことが多いものです。

問題 脱サラして町長選挙に立候補しました。有権者に自己紹介してください。

✕ いままで40年間、一部上場企業でサラリーマンをやってきました。これからは生まれ故郷のために余生を捧げようと思います。

◯ 経理一筋40年、倒産寸前の零細企業を一部上場まで立て直しました。財政破綻寸前のこの町を立て直せるのは私しかいません。

サラリーマンのキャリアと公約との間に一貫性がないと、あたかも「一部上場企業で十分稼いだし、老後の楽しみに町長でもやるか」というように聞こえてしまいます。いわゆるタレント候補が批判されがちなのも同じ理由。

過去のキャリアの中から1点だけでいいので、未来との接点を掘り出しましょう。

就職活動でも、学生時代の活動と志望業種に一貫性が見られないと厳しく突っ込まれるもの。

逆に言うと、一貫性を掘り当てるだけで抜きん出ることが可能なのです。

まとめ

自己紹介＝他の人との違い＋相手へのメリット

16 買う気にさせる「お似合いです」の言い方

どんな仕事にも向き不向きはあるものですが、なかでも「人に物を売る」という行為は苦手な人にとっては大変なストレスになるものです。

特に辛いのが、セールスに対して「他人に無駄な品物を押しつけてお金を取る」というネガティブなイメージを抱いている人。このタイプにとって「お客様、お似合いですねえ！」と歯の浮くようなお世辞で相手を褒めるのは、ほとんど詐欺に加担するかのような後ろめたさがともなうのです。

せめて「商品でお客様に喜んでもらい、そのお礼にお金をいただく」くらいにイメージを転換できれば（そしてそれを確信できれば）販売も営業も楽になるのですが……。

問題 いつもよれよれのTシャツに汚いジーンズで仕事をしている中村さん（プログラマー、32歳、バツイチ男性）をイメチェンさせてください。

✕ スーツ姿の男性って素敵ですよ。色もネイビーがさわやかでいいですね。ネクタイは、今シーズン流行のライトブルーがおすすめです。ほら、お似合いですよ。

○ **中村さんのポジションは、これから社外のお客様に会う機会が増えるので、スーツを着てみませんか？　それから中村さんの強みである正確さとスピード感を青のネクタイで演出しましょう。ほら、お似合いですよ。**

カジュアルな服装を貫いている人は、無頓着に見えて意外なこだわりがあったりするものです。「スーツ姿の男性が素敵」という一般論を言われると、かえって「俺には関係ない」と反発するかもしれません。おまけに理由もわからないまま特定の色まですすめられると「売りつけられている」「騙されている」と感じてしまいます。

ところが「自分の仕事に必要」であり、「自分のキャラを引き立てる」ことがわかれば、本人も「着てみようかな」という気になるものです。

お似合いですよ＝商品の特徴×相手のニーズ

服でも自動車でも保険でも、売れる販売員と売れない販売員ははっきり分かれます。

売れない販売員は、お客様との会話もそこそこに「売りたい商品」をすすめ始めます。こうして売りつけられた客は、その販売員からは二度と買いません。

売れる販売員は、まず「相手が欲しい商品」「相手に必要な商品」を探ります。そのためにお客様との会話が必要なのです。接客トークは、相手をおだてて気分を良くするためではないのです。

そして重要なのは、**自分のニーズに合う商品をすすめられたお客様は、次回も同じ販売員から買おうとする**ということ。その店の販売員の中で一番よく自分のことを知っている人ですから当然です。

こうして、売るたびにそのお客様についての情報が蓄積されていき、さらにピッタリの商品をおすすめできる、というサイクルがくり返されるのです。

売れる販売員とは、同じ得意客から何度も指名される人なのです。

問題　若いのに課長に大抜擢されて天狗になっている高橋くん（営業、28歳、独身男性）が機械式の高級腕時計を買おうとしています。アドバイスしてあげてください。

×

年収も増えたんだから、思いきってブレゲのマリーンなんてどうですか？　買うとパリ本店の顧客リストにナポレオンやマリー・アントワネットと並んで名前が載りますよ。

○

「イケイケの若手ビジネスマン」として六本木で女の子にモテたいなら、カルティエのカリブル・ドゥ・カルティエ。でも、高橋くんのこれまでの実直な仕事ぶりと行動力を象徴するのは、シンプルなタグ・ホイヤーのカレラです。

ちょっと収入が増えると高級ブランドに手を出したくなるものですが、ここで「見栄・モテ」の誘惑に負けると、高価なわりにイメージのちぐはぐなコーディネートができあってしまいます。相手には「成金」の印象しか残りません。

職場での自分のキャラクター（強みや個性）を自覚して、それと一致する小物を揃えましょう。第一印象と中身（人柄や仕事の能力）が一致している人は、それだけで相手に安定感を感じさせ、信頼されるものです。

まとめ

お似合いですよ＝商品の特徴×相手のニーズ

17 否定語ではなく肯定語で締めくくろう

「ポジティブな言葉を使おう」とはよく言われます。「夢は口に出すと叶う」「前向きな言葉を使うと運が開ける」とも。

実際、「無理」「でも」「どうせ」などのネガティブな口ぐせを持つ成功者にはなかなかお目にかからないもの。仕事でうまくいっている人たちの言葉遣いが総じてポジティブ、肯定的であるという傾向はたしかなようです。

この「ポジティブな言葉を使おう」という伝統は古く、奈良・平安の貴族たちも国家安寧のために平和を言祝《ことほ》ぐ歌を詠むのが真面目な仕事だったといいます。これはいわゆる言霊《ことだま》信仰ですが、本書はスピリチュアル本ではないので、もう少し現実的な面から「肯定語」の効用を考えてみたいと思います。

問題 バス車内での転倒事故を防止するため、乗客に呼びかけてください。

× 危険ですから、走行中は席を立たないでください。

○ 走行中は席を立たないようお願いします。バスが停止してからゆっくりお降りください。

「走行中は立つな」という否定語だけで終わっては、「いつ降り口まで行けばいいの?」という疑問が残ってしまいます。

電車と違って停車と発車の時間があやふやな路線バスでは「バス停に着いたらすぐ降りないと発車してしまいそうだし、もたもたしてたら他の乗客に迷惑かけそうだし」などと考えてしまい、焦って停車前から席を立ちたくなるものです。

これに対し「停止してからゆっくりお降りください」と指示されれば、「十分な停車時間を取ってくれるんだな」と思えます。少なくとも先に発車されてしまったり、他の乗客から舌打ちされたりしても「運転手の指示に従ったのに!」と言い返すことができます。

説明=否定語ではなく肯定語で

「Aではない」という否定語だけでは、BなのかCなのかDなのかが定まりません。「だから何なの？」と言われてしまいます。

「Aではなく、Bである」と肯定語で締めくくることで、ようやく相手を納得させることができるのです。

この「否定語ではなく肯定語で」というルール、意外とできない人が多いものです。国語の授業でも、3割以上の生徒には否定語で終えるクセが染みついています。

自分の頭では「Bである」が前提になっていると、当たり前すぎて「言わなくてもわかる」と思い込んだり、「言ったかどうか」すら忘れてしまうのです。

普段の会話から、意識的に肯定語で説明する練習をしておきましょう。

「何食べたい？」と聞かれたら、「ラーメンも飽きたし、カツ丼の気分でもないなあ」ではなく、「寿司がいいです」。

「○○党も△△党もダメだよなあ」ではなく、「自分は××党を支持する」。

「賛成しないわけでもない、とも言い切れない」ではなく、「反対します」。

肯定語で言い切ることは、自分の考えに白黒つけることでもあるのです。

問題　**早朝勉強会のお誘いを、今回だけうまく断ってください。**

✕ ごめんなさい、その日は忙しくて参加できません。

〇 **ごめんなさい、今月は深夜残業が続くので朝活はきついんです。来月なら行けるので誘ってくださいね。**

飲み会も勉強会も仕事の依頼も、一度断ると二度と声がかからなくなるのは珍しいことではありません。誘う側は確実に来てくれそうな人（前回も参加した人）から順に声をかけるからです。それに本当にやむを得ない事情があったとしても、断られたほうは「本音は来たくないんじゃないか？」「自分のことが嫌いなのかなあ？」などと深読みしたくなるものです。

断っても次につなげたいなら、「参加しません」という否定語で終わらず、**「次回なら行けます」「〇〇の場合ならOK」と肯定語で断りましょう。**その条件に合うときにまた声をかけてもらえます。

まとめ

説明＝否定語ではなく肯定語で

第2章

その質問、本当はこういう意味なんです

若手のうちから「鋭い質問力」などを磨く必要はありません。新人はむしろ質問される側。しかも、上司は適当にものを聞くため、「質問の意味がわからない」というのはよくあること。質問の意図を察して「打てば響く」答え方を身につけましょう。

18 「2位じゃダメなんですか？」への正しい答え方

「いまの日本、このままでいいのでしょうか？」

疑問形ですが、いいかどうか自分でもわからず判断を求めているわけではありません。

「いいのでしょうか？（いや、よくないぞ）」と言いたいわけです。

学校で習う疑問形の用法には2種類あります。

①相手の答えを求める疑問・質問
②実は否定を意味する反語

通常の会話ではなんとなく文脈で質問か反語かの区別はつきます。子どもでも「何度言ったらわかるのっ!?」と叱られて「5回かな」と火に油を注いだりしませんよね。

問題 再生可能エネルギー開発で世界一にこだわって巨額の予算を計上していますが、2位じゃダメなんですか？

× す、すいません、おっしゃる通り2位でもいいです……。

○ **誰もできないことを最初にやるから特許を取れて特許料が得られるんです。2番では特許料を払う側になるんです。**

ここで引き下がっては、これまで費やした巨額の開発費が水の泡。問い詰められた担当者は責任重大です。

まず、大臣の「2位じゃダメなんですか?」という疑問形が「質問」なのか、「反語」なのかを確認しましょう。

選挙の街頭演説ではなく会議での発言ですから、大臣は予算計上の理由を聞いてその是非を判断する立場にあります。政治家の個人的な価値観など誰も求めてはいません。

したがって、この「2位じゃダメなんですか?」は「2位でいいでしょ」という反語ではなく、**「1位と2位の違いを説明してください」**という文字通りの質問なのです。

このように冷静に考えればわかるのですが、相手の勢いや地位にびびってしまうと、気の弱い人は質問を反語、すなわち「叱られた」と勘違いしてせっかくの主張を引っ込めてしまいがち。これでは議論が途切れてしまいます。そして質問した側も、周囲から「横暴だ」「科学技術を軽視している」などと誤解されてしまうわけです。

疑問形＝質問と反語を区別する

誤解の原因は、質問を受ける側の心理だけではありません。質問する側も誤解されないように工夫する余地はあります。

それは**疑問形で終わらない**こと。

「2位じゃダメなんですか？　その理由を説明してください」

「2位じゃダメなんですか？　私は2位で十分だと思います」

疑問形のあとに一言つけ加えることによって、質問か反語か、その意図がはっきりするのです。

問題　「ねえ、ちょっと。おたくのダイエットサプリ、飲んでも飲んでも全然やせないんだけど、一体どうやったらCMみたいにやせられるわけ？　あんたと話しても仕方がないから、ちゃんと話のわかる上の人を出してくれない？」さて、店長にどう伝える？

×

店長！　お客様から怒りのクレームです！　もう2カ月も前のご購入なので返金の対象にならないとはちょっと言いにくくて……。責任者を出せってうるさいので、店長、あとをお願いします！

○

お客様から、どうしたらダイエットサプリの効果が出るかというお問い合わせです。詳しいカウンセリングをご所望なので、店長にお願いしてもよろしいでしょうか？

実際に言われたのは「どうしたら効果が出るか」「詳しい説明を受けたい」の2点です。ところが、伝える人がお客様を怖がると「金返せ」「責任者出てこい」と翻訳してしまい、店長がお客様の前に出るときには契約書を携えて完全対決モード。これでは、お客様も「なんでこの店はこんなにとげとげしいんだろう？」と不審に思います。

職場の「伝言ゲーム」では、自分の感情で内容を変えないように気をつけましょう。

まとめ

疑問形＝質問と反語を区別する

19 その質問、圧迫面接ですか？

「誘導尋問」という言葉があります。

裁判で「あなたが見た男はどんな人でしたか？」と聞かれたら、証人は背格好や服装などを自由に答えるでしょう。でも、詳しく言えば言うほど被告人とは異なる特徴が出てきて、質問した検察側にとって不利になりかねません。

そこで「あなたは背の高い男を見ましたか？」と質問すると、証人はかなりの確率で「はい」と答えてしまうのです。よほど「背が低い」という印象がない限り。

このように、相手に答えさせたい情報を質問の中に潜り込ませるのが誘導尋問。えん罪の元にもなるので、裁判では禁じ手とされています。

ところがこの「誘導」、日常生活の中では必ずしも悪いことばかりとは限りません。

問題 これは相当大がかりな企画になるぞ。おまえ本当にできるのか？

✕ す、すいません！　身のほど知らずでした、ごめんなさい……。

◯ はい、できます！　関係部署にも協力してもらえるよう根回し済みです！

これがライバルである同僚の発言だったら、「おまえには無理だ。俺にやらせろ」が本音かもしれません。しかし直属の上司であれば、部下には「できます」と言ってほしいというケースのほうが多いのではないでしょうか。

もちろん部下のやることをなんでも否定するブラック上司もいるかもしれませんが、その場合でも善意に解釈しておいて損はありません。

もしも相手がはじめから否定するつもり（つまり反語）であれば、「できます」と答えても「できません」と答えても否定されることには変わりないからです。

でも、もしも相手が「できる」と言ってほしいのに、勝手に反語だと受け取って「すいません」とあきらめてしまったら、通るはずの企画が立ち消えになるだけでなく、上司をガッカリさせることにもなってしまいます。

誘導には、素直に乗ってみる

就職・転職の面接は最もビクビクしながら質問攻めに遭う状況ですが、ここでも面接官の疑問形が誘導なら、それには素直に乗ったほうが得です。

「SEの仕事って、何が楽しいの？」＝SEの職場の裏話を聞いてみたい。

「君、医者に向いてると思ってる？」＝医者を目指す決意を固めてほしい。

「君って、何か世の中の役に立ってるの？」＝社会の中での自分の価値に気づいてほしい。

一見、身もふたもない質問のようにも聞こえます。このような面接官の疑問形を「反語」と受け取ったら、その場は「圧迫面接」になるでしょう。

でも **「誘導」と受け取ったら、「期待してくれる上司との出会い」になる** のです。

問題 **投資セミナーのひとコマ。**

「投資で稼ぐ人は、理論を勉強した上で情報を分析し、勝算のある銘柄だけを買うもの。ところが初心者はよく知らない銘柄を買って、上がるか下がるかは『運』次第だと考えがちです。あなたは、どうですか？」

この質問に答えなさい。

✕ いや、私はそうは思いませんでした。だから理論を学びに本日伺ったのですが？

○ はい、恥ずかしながら金運を上げようと風水とかパワーストーンとかいろいろ試してきましたが、ダメでした（笑）

セミナーで講師が最前列の人に問いかけるのは、多くの場合「誘導」です。「素人のみなさんはそう考えますよね、でもプロの私は違うんです」という展開に持ち込むためのステップなのですから、本気で正解を答えられたり真面目に反論されたりしてはシナリオが狂ってしまいます。

ここはひとつ、空気を読んで講師に恩を売りましょう。

「『正解』を答えないと叱られる」というのは、学校教育による洗脳にすぎません。大人のセミナーでは、ベタなボケをかまして流れをつくるのも答え方のひとつなのです。

まとめ　誘導には、素直に乗ってみる

20 「どういうこと？」って、どういうこと？❶

「どういうことかと言われても……いま申し上げたまんまなんですが」

何を聞かれているのか理解できないという困った状況、よくあることです。

これは、「わからない状態」にはいくつもの種類があるのに、往々にして質問する側がどれも「どういうこと？」の一言で片づけてしまうからです。

問題 「当店が販売する牡蠣《かき》の安全性に関してですが、いま全国では食中毒が多発しておりますため、当店独自のシステムで十分な管理を行っております。もっとも、獲れた海域の細菌数にもよりますが。ちなみに牡蠣には生食用と加熱用がありまして、これは鮮度の違いではなく、滅菌処理をする代わりに味が落ちるのが生食用、獲れたまま未処理なのが加熱用で……」

つまり、どういうこと？

✕ 説明が足りなくて申し訳ございません。「当店独自の管理体制」というのは、生産地と提携しまして、養殖の段階から水質や生育具合をコンピューターで管理するという最新のシステムでございまして……。

○ **焼いて食べれば平気です。**

説明している最中に「どういうこと?」と遮られたら、その直前の自分の説明を振り返りましょう。

この場合、ただ説明が長いというだけでなく、「菌がいる話(食中毒、海域の細菌数)」と「菌がいない話(独自の管理、滅菌処理)」が交互にくり返されています。そのため聞いているほうは、結局どっちなのかわからなくなってしまうのです。

こういうときは、さっさと要点だけ言いましょう。

ここでうっかり「伝わらない=説明が足りない」と考えて、さらに詳細な説明をつけ加えてしまうと、「そういうことじゃないんだよ!」と叱られてしまいます。

人が耳から一度に聞く情報には限度があります。話したほうは「さっき言ったじゃないか」と思っても、聞いているほうは「そんなの聞いてないよ」と思うものなのです(正確には覚えていないだけなのですが)。たとえ「それってどういうこと?」と言葉で質問されなくても、相手の顔を見て急に上の空になったようなら、説明を中断して「要するに……」とまとめてあげるべきです。

つまり、どういうこと?=要点だけまとめろ

内容に自信がない人ほどゴチャゴチャと情報を詰め込むものです。「薄っぺらだと思われたくない」とか「曖昧な部分に気づかれたくない」という不安から、余計な情報を散りばめてごまかそうとするのです。

また、責任を取りたくない人も説明が長くなるもの。「危険性について何も言わなかったじゃないか!」と責められるのが怖いので、「一応言いました」というアリバイをつくりたいのです。

裏を返せば、要点だけビシッと言える人は、それだけで「自信と責任感」を印象づけることができるのです。たとえ、その発言が多少間違っていたとしても。

問題 この企画書ずいぶん分厚いな。どんな企画か説明してくれないか?

×

では最初に13ページを開いてください。まずこれまでの経緯ですが、ここに書いてありますように、我が社の売上は4期連続右肩上がりです。ところが、世間での知名度は25ページの表にございますように……。

○

知名度を上げるため、音楽イベントとのタイアップを考えてみました。詳細はお手すきのときにでも企画書をご覧ください。

こういうやりとりでは、上司に企画書をめくらせた時点でアウト。

毎日山のように積まれていく資料の中から、じっくり読むべきものを選ぶために部下に要点を言わせているのです。そこに書いてあるのにわざわざ自分が呼ばれた意味を考えましょう。

その場ですべてを伝える必要はありません。一言で上司の興味を引きさえすれば、あとでじっくり読もうという気になるのですから。

まとめ

つまり、どういうこと？＝要点だけまとめろ

21 「どういうこと？」って、どういうこと？❷

話が長すぎて「つまり、どういうこと？」と「まとめ」を要求される場合とは反対に、短い話なのに「どういうこと？」と聞かれてしまう場合もあります。

これはおそらく使っている単語がわからないケース。特に専門用語やカタカナ語が並ぶと、聞き手の顔に「？？？」が浮かぶものです。

話している側は「できる人」を気取っているのかもしれませんが、残念ながら本人の希望通りに評価されることはほとんどありません。むしろ「知ったかぶり」「煙に巻いている」「自信がないからカモフラージュしている」と見なされてしまうことがほとんどです。

問題　「アメニティー・アセスメントへのパブリック・インボルブメントは、プライオリティーの高いアジェンダです」

それって、一体どういうこと？

✕ ですから、アセスメントをパブリックにしようという意味なんですけど?

◯ **住み心地を調査するのに市民も参加させろという意味です。**

カタカナ語を6語から2語に絞ったところで、わからないことに変わりありません。この場合の「どういうこと?」は「要点をまとめろ」ではなく、**「日本語で言ってくれ」**という意味です。

何も外来語を全否定して日本語だけで話せというわけではありません。「バリアフリー」「コミュニケーション」くらい一般化している言葉であれば大丈夫。でも「アセスメント(評価)」「プライオリティー(優先順位)」「アジェンダ(検討課題)」になると知らない人が増えそうです。

外来語や専門用語の知識は人それぞれ。世代や職業、学歴、普段接している情報の種類によって大きく異なります。知っていることが偉いのではありません。人によって異なるという点が大事なのです。

年配の上司は、もしかしたら最近のカタカナ語に疎いかもしれません。また、お客様は業界内の専門用語を知らないのが普通です。

そうです。社会では、自分にお金を払ってくれる人ほど自分とは異なるボキャブラリーの持ち主なのです。

ならば相手がわかる言葉で話したほうが得というもの。

一体どういうこと？＝わかる言葉に言い換えろ

ただし、わからない言葉を聞いたとき、相手が「それってどういうこと？」と聞いてくれるとは限らないのが難しいところ。誰しも「私はその言葉を知らない」と言うのは恥ずかしいし、相手との間に優劣の序列ができてしまう気がするものです。

相手の顔色を見て、「？・？・？」という表情を読み取ったら、誰でもわかりそうな言葉に言い換えましょう。

> **問題**　「労働市場における男女共同参画社会の進展を契機とし、社会的性差を問わず蓄財の機会を有することが世帯内における権力の移譲を実現するに至った」
>
> それって、一体どういうこと？

× 男性と女性が共同して社会に参画できるようになったのを契機に、社会的な性差に関係なく蓄財できるように……。

○ **ママが稼ぎ始めたら、パパより強くなったということです。**

三角《サンカク》？　景気《ケイキ》？　精査《セイサ》？　竹材《チクザイ》？　同音異義語は聞き手を混乱させます。

書類や原稿など紙に書かれた文章では漢字と仮名が交互に使われます。もしめでみるもじをすべてひらがなでかいたらこのぶんのようにとてもよみにくいものになってしまうからです。

いわゆる漢字かな交じり文というのは、単語と単語を視覚的に分離できるという大発明だったのです。そのため、話すよりも書くことのほうが多い人はつい漢字、それも熟語を多用してしまいがち。紙に書かれた文章をそのまま読み上げると非常にわかりにくくなるのは、そのためなのです。

書くときと話すときでは、使う言葉を変えましょう。

まとめ　**一体どういうこと？＝わかる言葉に言い換えろ**

22 「どういうこと？」って、どういうこと？❸

「『どういうこと？』」の意味がわからない」シリーズも3回目です。

話が長いときは要点をまとめる、用語が難しい場合はわかる言葉に言い換える。

ところが、短くて簡単な言葉なのに「はぁ？　どういうこと？」と問われる場合があるのです。

それは、言葉はわかっても内容に納得がいかないとき。

人は自分では当たり前だと思っていることや、あちこちで何度も話していることになると、つい途中を省略してしまうことがあります。

いつも聞いている相手ならわかってくれても、はじめての人は「ずいぶん話が飛ぶ人だなあ」と思ってしまうのです。

問題　「議論には遊びが必要だ」とは、どういうことだ？

× 議論とは、人と人とが意見を交わし合って話し合うこと、遊びとはゲームや漫画などを意味し、どちらも必要だという意味です。

○ 型にはまって真面目に議論するだけでなく、遊び心や冗談も交えたほうが新しい視点がもたらされ、充実した議論になるという意味です。

小学生でもあるまいし、いまさら「議論」という言葉の意味を説明している場合ではありません。ここで問われているのは「議論」と「遊び」という、一見矛盾するものが結びつけられる「逆説」の論理。この因果関係を説明せよ、ということなのです。

普通なら、「議論は真面目にやれ」と言われますからね。

「遊び＝（　　　）＝いい議論」

この途中の部分が欠けていると、人は「腑に落ちない」「論理が飛躍している」と感じてモヤモヤ、イライラしてしまいます。

「遊び＝（新しい視点）＝クリエイティブな議論」

このように欠けている因果関係を埋めると、スッキリ。これを人は「論理的説明」と呼ぶのです。

はぁ？　どういうこと？＝論理の飛躍を埋めろ

もちろん、因果関係のつなぎ方は一通りだけとは限りません。このケースでは別な埋め方もあり得ます。

「遊び＝（気持ちが打ち解ける）＝和気あいあいとした議論」

案外、途中の（　　　　）に入るのは、厳密に確かめられたものでなくても大丈夫なものです。欠けている部分に何かが埋まれば、それだけで聞き手は「論理的」に感じてしまうのです。

ことわざには「逆説」や「論理の飛躍」の例がたくさんあります。

「急がば回れ」は「急いで近道＝（事故や渋滞の危険）＝遠回りのほうが安全」。

「安物買いの銭失い」は「ケチって安物を買う＝（すぐ壊れて買い直す）＝銭を失う」。

「風が吹くと桶屋が儲かる」は……長くなるのでご自分で埋めてください。

問題　「円高が進むと編み物男子が増える」って、どういうこと？

×

円高で海外産の高級毛糸の値段が下がるから……ですかね？

○

円高が進むと輸入品が買いやすくなるため、クリスマスになると男子はこぞって高級ブランドをプレゼントしようとします。でもその結果、ライバルたちとかぶって目立たなくなり、女の子にも飽きられるので、差別化を図って手づくりニットに挑戦し始めるのです。

「海外産の高級毛糸の値段が下がる」だけなら「男子」が編み物を始める理由にはなりません。「円高」と「編み物男子」を結ぶ（　　　）は1段階とは限らないのです。

因果関係の説明は、パズルのようなものです。目の前の事実にとらわれず、柔軟に想像力を広げましょう。

議論には、遊び心が必要なのです。

まとめ

はぁ？　どういうこと？＝論理の飛躍を埋めろ

23 修飾語は「飾り」ではない

「あなた、現場からアニマル柄のバッグを持ち去ったのではありませんか？」

「し、知りませんよ！　そんな、ヒョウ柄のバッグなんて……」

「おや、私は『アニマル柄』とは言いましたが、被害者のバッグが『ヒョウ柄』だとまでは言っていません。どうして、ご存じなんでしょう？」

名探偵や名刑事は、相手の些細《ささい》な一言も聞き漏らさないものです。

たとえ無意識にポロッと出てしまった言葉でも、その一言には本人の秘密や感情や背後関係などたくさんの情報が隠されているもの。精神分析学者のフロイトは、患者の言い間違いから隠されたトラウマやコンプレックスを読み解いたといいます。

ましてや相手が質問に使った言葉なら、小さな一言にも明確な意図があるものです。

問題　日本が集団的自衛権を行使することについて、どう思う？

× 国家が国民の生命と財産を守るのは当然です。そのために自衛隊があるんだから、自衛権がいいか悪いかなんて議論をすること自体、意味がわかりません。

○ **個別的自衛権は自国の安全を自分たちで守ることですが、集団的自衛権は仲間の国が攻撃されたらその国を守るために戦争に参加することなので、私は反対です。**

質問の言葉をよく聞きましょう。「自衛権」ではなく「集団的自衛権」です。「集団的」の反対は「個別的」。個別的自衛権は「自分の国を守ること」ですが、そこに「集団的」がつくと「同盟国を守ること」と全然違う意味になってしまうのです。「○○な△△」「○○的△△」といった組み合わせの「○○」を修飾語と呼びます。

しゅうしょく【修飾】

①美しく飾ること。よく見せるために上辺を飾ること。
②文法で、ある語句が他の語句の意味を限定したり詳しくしたりすること。

小学校で「飾り言葉」と教えるためか、「美しく飾るだけで、あってもなくてもいい言葉」

のように思われがちですが、受け答えでは②の「他の語句の意味を限定」する役割を無視してはいけません。**限定ということは、他と区別することなのです。**

修飾語＝限定語

たとえば「おいしい牛乳」という商品名は「(他のメーカーの)おいしくないほうの牛乳ではなくて」という差別化を暗に示しています。

「うつ病」は仕事もプライベートも区別なく24時間落ち込むものですが、「新型うつ病」は仕事になると落ち込むのに趣味では活き活きしてしまうため、周囲から理解されにくい病気です。

ラグビーの魅力といえばタックルやスクラムといった男たちの激しいぶつかり合いですが、「7人制ラグビー」になるとパスや走り、1対1の抜き合いといった個人の技が光るスポーツに様変わり。ちなみに、この7人制ラグビーは2016年リオデジャネイロ五輪から正式種目として採用されます。オリンピック観戦の楽しみがひとつ増えました。

問題　2024年のオリンピックをさいたま市に招致してください。

×

さいたま市には自慢のさいたまスーパーアリーナがあります。新しい施設をつくるなら、まだまだ土地もたくさん余っています。東京ほど混雑していないし鉄道の町として交通の便にもすぐれています。オリンピックを招致するなら東京よりもさいたまでしょう。

○

2024年には環境問題がいまより深刻化し、あらゆる国際イベントのテーマとなります。さいたま市は盆栽の町。自然と人間の融和の象徴です。しかも2024年は、さいたまに盆栽職人が移住して盆栽村ができてからちょうど100年の節目。人類の祭典にピッタリの場所とタイミングです。

2000年シドニーは「20世紀中に1度は南半球で」、2004年アテネは「21世紀の最初は原点回帰」、2008年北京と1988年ソウルは「アジアで縁起のよい8のつく年」、2012年ロンドンは「女王陛下即位60周年」。**「この年に、この都市で」という必然性があれば説得力が増す**だけでなく、巨額の招致費用も一度に集中投下できるのです。

まとめ

修飾語＝限定語

24 志望理由で過去を語るな

大学の推薦入試・ＡＯ入試では、必ず志望理由を書いて提出しなければなりません。面接でも志望理由は必ず聞かれます。ところが予備校で高校生たちの推薦・ＡＯ対策の指導をしていると、最初はこんな志望理由が続出します。

「お母さんにすすめられたからです」

「ドラマの『ＧＴＯ』を見て、教師に憧れました」

「本当は医学部志望だったのですが、点数が足りないので歯学部に……」

「子どもの頃から、なんとなくこの大学と心に決めていました」

まさか就活や転職の面接にこれから挑む大人のみなさんは、こんなこと言わないでしょうが……念のために次のヒーローインタビューに答えてもらいましょうか。

問題 ところで、なぜ野球部に入ったの？

✕ 1年生のときに友だちに誘われたからです。

○ 仲間を甲子園に連れて行くためです。

どちらの答えが、「イケてる」でしょうか？

「なぜ？」という質問には、2つの意味があります。

①なぜそうなったのか？＝過去のきっかけ

②なぜそうするのか？＝未来の目的

プロの選手が『徹子の部屋』に出演して子どもの頃の思い出を語る場面なら「友だちに誘われた」と答えてもいいでしょう。でも、高校球児が『熱闘甲子園』の密着取材を受けたのなら、カットされずに放送されるコメントは後者です。

求められているのは過去のきっかけか未来の目的か、空気を読みましょう。

なぜ？＝過去のきっかけ＋未来の目的

「志望理由」も多くの人が「過去のきっかけ」を答えるものだと誤解しています。「志望動機」という呼び方が悪いのかもしれません。

基本的に、面接官はあなたの過去に興味はないのです。

これから大学なら4年間、会社なら40年間つき合っていく相手を選んでいるわけですから、先方の興味は「この人はこれから先、どんな活躍をしてくれるだろう？」という一点に尽きるはず。ですから、過去のきっかけではなく、将来のビジョンを語ることが大事になってくるのです。

「将来の夢？　特にないんですけど。安定しているから公務員になりたいだけだし」

たとえ本音は安定を求めただけだとしても、それを面接で正直に答えてはいけません。市役所の窓口の人がミスなく仕事をしてくれるおかげで、市民は安心して暮らせるのです。福祉課に配属されたら、生活保護を出すか出さないかで人の生存まで左右しかねません。

どんな職業も、誰かの役に立っているからこそ給料をもらえるのです。それこそがその職業を志す目的であるべきなのです。少なくとも面接では。

志望理由では**「将来、誰の役に立ちたいのか」**を語りましょう。

問題　**君はどうして就職浪人したんだい？**

×

就職活動に出遅れてしまって、業界研究も自己分析も不十分なままでやみくもに何社も受けてしまったからです。

○

1年間アルバイトとボランティア活動をしながら自分の適性を見極め、それを強化するための資格も取得できました。いま振り返れば、この業界と貴社に出合うために必要な回り道だったと思います。

過去の失敗という「事実」は変えられなくても、その「意味」なら後付けでいくらでも変えることができます。

実存主義によると、未来の行動のみならず過去の意味さえも自由に変えられるからこそ人間は本当の意味で自由なんだとか。

ならば、話している自分自身がわくわくするような「目的」を後付けしてしまいましょう。企業が求めるのは過去の分析が得意な人間ではなく、過去の失敗さえも味方につけてしまう前向きな人材なのです。

まとめ

なぜ?＝過去のきっかけ＋未来の目的

25 「そう判断する根拠」を求められたら

「うーん……なんとなく」

「ビビッとひらめきました」

「なぜって、それは私がそう信じるからです！」

社会人たるもの、意見や予想を述べるときには「根拠」も言えなくてはなりません。

根拠のない意見はただのノイズと心得ましょう。

気象予報士も競馬の予想屋も占い師も、（当たるかどうかはともかく）根拠を並べるから説得力を持ち、「予想」を商品として売ることができるのです。

ただしこの場合、「何を根拠として用いるか」によって説得力にも大きな差が生まれ、さらにはその人の思考回路まで垣間見えてしまいます。

問題 我が社のブランド力が下がっているだと？　どうしてそう言えるんだ？

✕ ビジネス雑誌にうちのブランドが下がってるって記事が載っていました。それに「2ちゃんねる」でも叩かれてますし。

〇 当社の掃除機が売れないのが性能やデザインのせいならば、他社の名前でOEM生産している同型の製品は順調に売れていることが説明つかないからです。

「根拠」というと、どこかで公表されている文献やデータを持ち出してくることと思っている人は多いものです。そういうタイプは議論をするとき山のような資料を持ち出してきますが、資料がなければ何も言えないという弱さがあります（家で調べてレポートを書くのは得意なのに、論文試験の会場では何も書けないタイプの人もこれに似ています）。

そもそも「雑誌の記事に書いてある」を根拠にすると、「その記事は信用できるのか？」という反論が生じます。やらせ報道や情報隠蔽などで大手マスコミも政府の発表も信用を失っている昨今、ただ「ここに書いてある」「〇〇氏が言っている」だけでは説得力を持ちません。

それに身もふたもない話ですが、このタイプの人ばかりが集まっても新しいアイデアはまず生まれません。常に前例を根拠にしているのですから当然です。

根拠＝人の意見より論理的妥当性

「もしもAだとしたらBと矛盾するから」……数学の証明問題でよく使う、あれです。「もしもA氏が真犯人だとしたら、B氏が嘘を言っていることになりますね」……推理ドラマによく出てくる、あれです。

「誰が言っているか」ではなく「つじつまが合うか合わないか」。この発想ができる人は、手持ちの資料が限られていても意見と根拠をひねり出すことができます。

他人の意見ばかり持ち出す人と、自力で論理的妥当性を考えることのできる人。もしあなたが上司だったら、会議に連れて行きたい部下はどちらでしょう？

問題　「ねえ、知ってる？　黄身が2つある卵からは頭が2つあるヒヨコが生まれるんだって！」

「嘘つけ。そんなわけないだろう」

「だって、うちのお婆ちゃんが言ってたんだもん。どうして嘘って決めつけるの？」

×

頭が2つあるヒヨコなんて見たことも聞いたこともないよ。一体、どこの学会で報告されたんだよ？

○

仮に頭が2つあるヒヨコが生まれたとしても、その卵に黄身が2つあったかどうかはわからない。もし黄身が2つある卵が確認されても、そのときには卵を割っているのでもうヒヨコにはならない。だから、黄身が2つあればヒヨコの頭も2つというのは、実際に見た人がいない話だ。

「ある」を証明するなら実物を持ってくれば済みますが、難しいのは「ない」ことの証明です。痴漢のえん罪を晴らすのが非常に難しいのも、「やっていない」ことの証明をしなければならないからです。

「もしあるとすれば（やったとすれば）」あり得ない現象を事実の中から見つけましょう。

まとめ

根拠＝人の意見より論理的妥当性

第3章

なぜ、あなたの意見には説得力がないのか？

意見とは、提案です。これさえわかっていれば上司のムチャぶりにもうまく答えて、「できるやつ」と評価されるはず……でした。ところが実際には会議室で発言しても「ふーん」と聞き流されたり「プッ」と失笑を買ったり。さて、説得力のある意見とない意見は何が違うのでしょう?

26 それは議論するほどの問題なのか？

意見とは、「△△しよう」という提案です。

そして提案とは、誰かの問題を解決してあげること。

新製品の企画提案は、いままでの製品にお客様が不満を感じていたから必要なのです。

家族旅行の提案は、子どもたちが退屈をもてあましているから喜ばれるのです。

つまり「意見を述べよ」と言われたら、**「〇〇が問題だから、△△しよう」**と答えるのが正解。この「〇〇が問題だ」の部分を問題提起といいます。

もし「△△しよう」という提案が聞き流されたり却下されたりするなら、その理由は問題提起の仕方にあるのかもしれません。

問題 電車内のマナーを向上させるキャンペーンを行います。どんなマナー違反をなくすべきでしょうか？

✕

携帯電話の話し声とかイヤホンの音漏れ野郎をどうにかしてほしい。うるさいしイライラする。それから車内で化粧をする女性もみっともない。近頃は本当にむかつく乗客が多すぎる。

○

マスクもつけずに咳《せき》やくしゃみをする人がいます。インフルエンザの流行時には、車内にウイルスを撒き散らすことになります。幼児や妊婦、高齢者が近くにいたら、命に関わる問題です。

説得力のない問題提起とは、「それくらい、別にいいじゃないか」と言われてしまうことです。

携帯電話の話し声やイヤホンの音漏れは、誰にどんな「実害」を与えているでしょう？　隣の人は「うるさいという気分」になるかもしれませんが、それで何かを失うわけではありません。

それに、誰もが不快になるとは限りません。他人の恋愛話に聞き耳を立てるのは面白いものです。年配の男性がｉＰｏｄで最近のＫ－ＰＯＰを聴くのか青春時代のフォークを聴くのか、気になりませんか？　車内で化粧をしている女性を見て「働く女子は忙しいんだな、頑張れ！」と心の中でエールを送る人もいるでしょう。

同じ行為でも、不快に感じるかどうかは人によって違うのです。

「嫌い」「面倒」「むかつく」「不公平」「男のメンツ」など、気分に過ぎないものばかり問題提起していると、「どうでもいいことで大騒ぎするやつ」と見なされてしまいます。

では、一体何を問題提起すれば、誰からも聞いてもらえるのでしょう？

問題提起＝命かお金に関わること

他人が不愉快だと感じているだけなら、「別にいいじゃん」と言うことができます。でも誰かが命を落としそうになっていたら、「別にいいじゃん」とは言えません。「自分はお金なんかいらないさ」という人でも、他人が財産を奪われるのを見て「別にいいじゃん」とは言えません。もし言ったら、人間性が疑われてしまいます。

命かお金に関わる問題を提起されると、否定しにくいのです。

問題　ネット世代の最近の若者は、レポートを書かせてもググってコピペして一丁上がり。こんな風潮について、あなたはどう思う？

×

最近のゆとり世代は世の中をナメている。われわれの時代は図書館でカード目録をめくり手で調べて手書きしていた。そこで根性も養われたし、自分の頭で考える習慣も身についた。いまの若者がフニャフニャなのはネットのせいだ。

○

コピペレポートの問題は、引用元のサイトに対する著作権侵害になりかねないということです。内部の資料ならまだしも、ホームページや印刷物など外部に公表されるものにコピペを使われたら、損害賠償を請求される上に企業の社会的信用を失うことになります。

同じ行為でも、見る角度によって重大さが変わります。「フニャフニャな根性なし」だけでは誰にも迷惑をかけていません。彼らのコピペを放置しておいたら、最終的にどんな実害が発生するかを考えましょう。

まとめ

問題提起＝命かお金に関わること

27 「主語」を変えれば上司は動く

「面倒くさい」というのは単なる「気分」です。

でもこの「面倒くさい」、人によっては毎年夏休みの最後を涙の徹夜に追い込んでしまうほど、逆らいがたい強力な「気分」だったりするもの。

その証拠に、書店のビジネス書コーナーを覗くと『やる気を出す１０８の方法』『面倒くさがりな自分を今度こそ変える方法』的なタイトルがたくさん並んでいます。それほど世の人々にとって「面倒くさい」は大問題。なんとか議題にできないものでしょうか？

問題 レストランの見習いは大変です。厨房の手伝いのほかに、店の掃除や街頭でのチラシ配りのため、毎日何十回も店を出入りすることになります。この店の古くて重くて開けにくいドアを自動ドアに変えてもらえるよう、オーナーを説得してください。

✕ 僕たち見習いは、1日20回として1年で7300回、この重いドアを開け閉めします。手にはマメができるし、腕にもほら、こんなに筋肉が。このままでは過労死してしまいます。お願いですから自動ドアにしてください。

○ **ドアが重くて開け閉めしにくいので、車いすやベビーカーのお客様に敬遠されています。ファミリー層の売上を伸ばすために、自動ドアにしたらどうでしょうか？**

「命に関わる問題」にしようと過労死を持ち出してみたようですが、さすがにドアの開け閉めくらいで過労死はしません。

それに、この程度で音を上げているようでは厨房で大きなフライパンを振ることはできません。未来の巨匠にとっては重いドアくらい修行のひとつです。

辛さを大げさに訴えても説得力が出ないのは、面倒くさいと思っている「自分」を主語にして語っているから。

「お客様」を主語にしてみましょう。あるいは「経営者」を主語にしてみましょう。

立場が変われば「お金に関わる問題」が見えてくるのです。

問題提起＝主語を変えて考える

面倒くさいという自分の気分は隠しておいて、他の誰かの命かお金に関わるケースをダシに使ってしまいましょう。

「職場の制服がダサい（と私は思う）」は、「制服が恥ずかしいからと、優秀な就活生が他社に流れてしまうかもしれません」。

「割引オプションが複雑すぎ（て覚えるのが面倒）」は、「新しいバイトが入るたびに研修が必要になり、コストがかかります」。

「現場の人間関係が険悪（で居心地が悪い）」は、「互いに声かけをしないため、安全確認不足で事故につながるおそれがあります」。

企画会議などでよく言われる「視点を変えよ」「多角的に検討せよ」という抽象的なスローガンの正体は、国語的にいうと**「主語を変えろ」**ということだったのです。

問題　少子化の進む日本において、出生率を上げるにはどうすればいいでしょう？

✕

育児経験者や幸せな夫婦に講演会などをしてもらい、若い人たちに結婚や出産の素晴らしさを伝えよう。そうすれば気が変わって結婚して子どもをつくろうという人が増えるのではないか。

○

待機児童問題や学校のいじめ、子育ての経済的負担など、いまの日本社会は子どもにとっても母親にとっても不幸の要素が多すぎる。すでに産まれた子どもが幸せになれる社会をつくれば、出産をためらっている人も産めるようになる。

子どもを産まない女性は「子どもが欲しくない人」と「欲しいのに産めない人」に分類できます。子どもも「まだ産まれていない子ども」と「すでに産まれた子ども」に分類できます。

主語を変えて考えるために、主語を分類してみることも大切です。

まとめ

問題提起＝主語を変えて考える

28 過去を悔やんでも問題は解決しない

トヨタ自動車の有名な原因分析の手法に「なぜ5回」というものがあります。「なぜ故障が起きるのか？」「なぜ強度不足の部品が紛れ込んでいるのか？」「なぜこの工場だけ不良品が出るのか？」「なぜこの時間帯だけ製品チェックがずさんなのか？」「なぜ従業員のシフトが変則的なのか？」まで考えれば、本当の原因がわかって根本的な対処をすることができる、というわけです。

ちなみにモトローラ社では1回多い「6つのなぜ」。そのほか、ビジネス書では7回だったり8回だったり流派はいろいろ。多ければいいというものかどうかはさておき、いずれにせよ「原因を突き詰める」という姿勢は、どこの生産現場でも同じようです。

ところがこれを人生に当てはめると、おかしな方向に進む人も少なくないようで。

問題 君はなぜそんなに借金を抱えているのかね？

×

リーマンショックでリストラされたからです。リストラ対象になったのは、バブル期入社組で努力する必要がなかった世代だから。そもそも努力しない人間になったのは、一人っ子で親に甘やかされて育ったからだし、やっぱりこんなダメ人間、生まれてきたこと自体が間違いだったんだ……。

○

月々のバイト代が約10万円しかないのに、家賃15万円の3ＬＤＫに住んでいるから。安いアパートに引っ越せないのは、会社員時代に買った家具が多いから。家具を処分しないのは、エリートだった頃のプライドを失ってしまいそうな気がするからです。

さっさとプライドを捨てて家具を処分し、家賃3万円のアパートに引っ越しましょう。

たしかに生まれてこなければ借金することもなかったでしょうが、オギャーと生まれてここまで大きくなってしまったものは元に戻せません。親に甘やかされたのも、努力せずに就職できてしまったのも、タイムマシーンでやり直すことはできません。

過去を悔やんでも、問題は解決しないのです。

原因分析の「なぜ」には2つの意味があります。

①なぜそうなったのか？＝過去のきっかけ
②なぜ直せずにいるのか？＝現在の状況

過去は変えられませんが、現在なら変えられます。建設的な原因分析をしたいなら、「なぜ借金ができたのか」ではなく、「なぜいまだに返せずにいるのか」を考えましょう。

原因分析＝過去のきっかけより現在の状況

夫婦の危機であれば「なぜ2年前に夫が浮気したのか」ではなく、「なぜ夫の謝罪が妻に伝わらないのか」。

肺がんになった人は「なぜタバコを吸いすぎてしまったのか」ではなく、「なぜこの抗がん剤が効かないのか」。

もちろん、過去を振り返って反省することも大切です。でもそれは、次に同じ失敗をくり返さないためであって、いま目の前の問題を解決することとは話が別なのです。

問題　なぜ日本人は、何年英語を勉強しても話せるようにならないのでしょう？

✕

子どもの頃から日本語だけで生活していて、ネイティブの発音に慣れていないからだ。それに島国の農耕民族だし、長い間鎖国していたので異文化への適応力が発達しなかった。

〇

「in an old house」を日本人は「イン・アン・オールド・ハウス」と発音するが、ネイティブは「イナノーダウス」。次の単語と音がつながるリエゾンのルールを無視して「日本語読み」のフリガナを振っているのが原因だ。

英語を話せないことを過去のせいにする人は、自分の過去のやり直しをわが子に託して「ゼロ歳からの英語教室」などに通わせたがります。

でも、ある日突然、社内の公用語が英語になったりするのがこの時代。

さっさとローマ字読みを捨てて、ネイティブのルールでフリガナを振り直しましょう。

日本人の親と先祖を恨んでいる場合ではありません。

まとめ　原因分析＝過去のきっかけより現在の状況

29 他人の心は変えられないもの

ネット上の人間関係は難しいものです。家族に見せる顔、会社で見せる顔、友人に見せる顔、人はそれぞれ異なる舞台では異なる顔を使い分けているものですが、SNSではそれらがごちゃ混ぜになりがちです。友人に向けて書いた愚痴なのに上司に「いいね！」を押されてしまったり、おつき合いのコメント返しに時間を奪われてしまったり。

このあたりのデメリットは使い手の問題でしょうか？　それともシステムの問題？

問題　新興SNSの「チェイスブック」で利用者のマナーが問題になっている。メッセージを添えずに友だち申請をする人が多く、申請される側からは「知らない人から無言で友だち申請されるのは気持ち悪い」という苦情が後を絶たない。

どうすればいいか？

✕

顔の見えないネットだから、自己中心的な人が増えてしまう。「無言の申請を受け取った人がどう思うか」という他人の気持ちへの配慮が欠けている。意識の高いユーザーが中心となって「メッセージを添えよう」キャンペーンを行い、初心者ユーザーを啓発しよう。

◯

そもそも友だち申請のボタンとメッセージ送信のボタンが別々という仕様に問題がある。2回もウインドウを開くのは誰だって面倒だ。メッセージと友だち申請のボタンを1つのウインドウにまとめればいいのに。

たしかに「自己中心的」で「配慮が欠けている」人が多いのかもしれませんが、これらの「心がけ」を原因にしている限り、問題は解決しません。

目に見えない「心」は変えられないからです。

振り向いてくれない相手に「好きになって」と迫っても、相手の気持ちは変わりません。買う気のないお客様に「欲しくなれ、欲しくなれ」と念力を送っても無駄です。やる気のない営業マンに「やる気を出せ」と怒鳴っても、ますますやる気が失せるだけです。

他人の心は変えられない。この真理に気づかずに、果てしないストレス地獄に苛《さいな》まれている親や教師や上司や販売員がいかに多いことか。

変えられないものは放置して、変えられるものから手をつけるほうが現実的です。

原因分析＝心がけではなく仕組み

仕組みとは、モノのデザインや機能、社会のルールや手続きのこと。

部屋が散らかるのは「だらしないから」ではなく、「収納場所を決める前にモノを買ってくるから」。働けるのに生活保護をもらう人がいるのは「性格が卑しいから」ではなく、「損得勘定すると給料より生活保護費のほうが多いから」。ハンコを押すといつも曲がってしまうのは「心が曲がっているから」ではなく、「印章の側面の溝が手前側ではなく見えない向こう側に彫ってあるから」。

説教や罰則で改善しようとするより、仕組みを変えるほうが簡単です。

問題 **市長が2人続けて汚職で失脚した。2人とも選挙のときはクリーンなイメージだっただけに、市民は裏切られた気持ちでいっぱいだ。なぜこんなことになってしまったのだろう？**

× クリーンなイメージで市民を騙《だま》し、市政を私物化するとは人間として最低だ。そして有権者にも人間を見る目がない。心から市民のことを思い、公平公正な政治のできる人物にいまこそ立ち上がってもらいたい。

○ 元々は清廉潔白な人物であっても、選挙のときに特定の企業や団体の支援を受けたら、しがらみが生じて便宜を図らなければならなくなってしまう。選挙にお金がかかりすぎて、組織の支援なしに自腹で戦うことが難しい現在の選挙制度に問題がある。

1人だけなら個人の心の問題かもしれませんが、**2人続いたら仕組みの問題**です。「2度あることは3度ある」というのは、仕組みを放置しているからなのです。孔子やキリストのような聖人君子が現れるのを待つよりも、選挙制度を改革したほうが手っ取り早いのではないでしょうか。

まとめ

原因分析＝心がけではなく仕組み

30 「悪ふざけ」と思われずに突飛な提案をする方法

「グッド・アイデア」と「クレイジー・アイデア」は紙一重です。

いまでは当たり前になった予防接種のワクチン。「病原体を人間に注射する」という発想は、考えてみればかなりクレイジーです。実際、18世紀末にエドワード・ジェンナーが牛痘《ぎゅうとう》の病原体を人間に接種して天然痘を予防する方法を発明した当時は、人々から強い反発が起きました。いわく「牛痘なんか接種したら人が牛になる」と。

誰からも反対されない無難なアイデアでは、時代の閉塞感を打ち破ることはできません。あえてクレイジーと呼ばれるリスクに挑戦しましょう。

ただし、単なる「クレイジー」で終わるか「グッド・アイデア」と認められるかは、ものの言い方によって変わるもの。

問題 若者の車離れを食い止める秘策を提案しなさい。

× お客様にボディーのデザインをしてもらいましょう。いまなら3Dプリンターもあるし、技術的には可能じゃないですか。せっかくだからデザインコンテストも開きましょう。商品は最高級カーオーディオとかで。

○ **既成のデザインから選ぶのではなく、お客様がもっと自由に車のデザインを楽しめる仕組みが必要です。具体策としては、お客様のデザイン画から一点もののボディーをつくって載せるセミオーダーメイドがいいと思います。**

ボディーの安全性や製造コストはどうなのか、そもそも一般人にまともなデザインができるのか、など現実的に考えるとツッコミどころの多いアイデアではあります。

しかし、先に「デザインの自由度」という大まかな方針を述べておけば、この方針だけはなかなか否定できません。そのため、このアイデアに反発する人でも具体策の細かい点について注文をつけるか、あるいは自由にデザインを楽しむための別な具体策を探すことになり、議論が前向きになるのです。

ホームランにならなくても、ヒットくらいにはなるのです。

一方、いきなり「お客様にボディーのデザインをしてもらう」という具体策から入ってしまうと、「何のためのアイデアか」が見えません。そのため、単に奇をてらったように受け取られて「何も知らないくせに、ふざけるな！」と全否定されてしまいます。

解決策＝大まかな方針＋細かい具体策

この二段構成で提案するという手法は、公務員採用の論文試験や大学入試の小論文などでは特に有効です。

論文試験では「町を活性化するために行政がなすべき取り組み」といったテーマで解決策のアイデアを提案しなければなりませんが、制限時間内にアイデアを出すというのはなかなか難しいもの。

具体策を書けずに時間切れになったり、うっかり本当に的外れなアイデアを書いてしまうこともあるでしょう。

でも、**大まかな方針が正しく示されていれば、そこまでで合格点**。そのあとの細かい具体策は多少足りなくても的外れでも、大減点はされないものです。

問題　**育児放棄や児童虐待をなくす方法を提案しなさい。**

✕

育てられない親からは、子どもを取り上げてしまえばいいんですよ。放っておいたら子どもが可哀想だ。そして誰かに養子として引き取ってもらえばいい。

〇

欲しいのに子どもに恵まれず不妊治療で苦労する人がいる一方で、欲しくないのに妊娠して産んでしまう人もいるというアンバランスを是正する必要がある。育てられない親からは子どもを引き離して、大事に育ててくれる人の元にどんどん養子に出すべきだ。

家名存続が大事だった江戸時代と遺伝子存続が重んじられる現代では養子の意味合いが異なるため、かなりの波紋を呼びそうな提案です。

でも前半の「子どもに恵まれない人」と「望まれない子ども」が存在するという指摘自体は否定できません。

したがってこの案に反対するなら、養子という形以外で両者を幸せにする方策を考えなければならなくなるのです。

まとめ

解決策＝大まかな方針＋細かい具体策

31 その解決策、本末転倒ではありませんか？

「リサイクルが進まない。小学校のうちから環境に対する意識を育てよう」

「いじめがなくならない。小学校のうちから命の大切さを教えよう」

「選挙の投票率が低い。小学校のうちから選挙の大切さを教えよう」

世の中で問題が起こると、なんでも「教育が悪いんだ」「道徳の時間を増やそう」で片づけようとする人がいます。

百歩譲って小学校が子どもたちを思い通りに教育（洗脳）できたとしても、世の中の大部分を占める大人たちを変えることはできません。それに、その子どもたちが大きくなって世の中を変えるまでには何十年も待たなければなりません。

世界を変えるには、「小学校の教育」は非効率的すぎるのです。

問題 駅での人身事故をなくす方法を提案しなさい。

× 各駅にカウンセラーを配置して、自殺したくなった人の心のケアに努めるべきだ。失業などで将来を悲観した人は、鉄道会社が雇ってあげればいい。

○ **電車がホーム手前からゆっくり徐行して入れば、すぐ止まれるので誤って落ちた人も助かるし、死ねそうに見えないので飛び込む気にもならないはずだ。**

カウンセラーを配置しても失業者を雇用しても、酔っ払ってホームから落ちた人や混雑に押し出されて落ちた人までは救うことができません。

それに鉄道会社の目的は「当駅の利用客を人身事故から守ること」であって、全国の自殺志願者の心のケアは管轄外なのです。

このように、人身事故に遭う人を十把一絡げに「自殺者」と決めつけた上に「世の中から自殺をなくそう」などとヒューマニズムを持ち出してしまうと、解決策はどんどんおかしな方向に向かってしまいます。

解決策＝そもそもの問題点と矛盾しない

算数のテストでも答えが出たら解答用紙に書く前に確かめ算をするものです。

問題解決においても同じこと。**解決策を思いつくたびに「それは、そもそも困っていた人のための対策になっているか」をチェックする**ことが必要です。

「視聴者が楽しめる番組づくり」のはずがいつのまにか「スポンサーのためのタイアップ番組」になっていたり、「真犯人か否か」の裁判だったのに「捜査員の人種的偏見」が争点になってしまったり、論点がずれる（あるいは故意にずらされる）ことはよくあります。

「地球温暖化で南極の氷が溶けてペンギンが困っている」からといって「森に木を植えよう」では、苗木が大きくなって大気中の二酸化炭素を吸収し、地球の気温が下がるまで何十年待てばいいのかわかりません。ペンギンを引っ越しさせるほうが賢明です。

問題 パワースポットとして注目され、急に参拝客が増えたある神社。ところが神社に駐車場がないため、参拝客が近くのお土産屋さんの駐車場に無断駐車し、おかげで買い物もしない人の車で駐車場がいっぱいになっているというのです。「マナーも守らない参拝客にご利益なんかあるものか」と店のご主人は憤慨しています。

この問題を解決しなさい。

✕ 神社の敷地内に駐車場をつくり、お土産屋の駐車場では無断駐車から罰金を取ればいい。監視カメラもつけよう。

○ **参拝客がたくさん通るのに誰もお土産屋に入らないということは、店自体に問題があるはずだ。店構えや品揃えを改善し、車を停めた人が買い物したくなるようにすればいい。**

「無断駐車を追い出すこと」と「お土産を買ってもらうこと」、店の主人にとって本当に望ましいのはどちらでしょう?

もちろん合理的な商売センスがあれば、お土産を買ってもらうほうを選ぶはずですが、人は目の前の問題に熱くなると本来の目的を忘れてしまう生き物。特に「善悪」「正義」「筋を通す」という言葉が大好きな人は要注意です。誰もいなくなった駐車場で一人、「勝ったどー!」と雄たけびを上げることになりかねません。

まとめ
解決策=そもそもの問題点と矛盾しない

第4章
議論がかみ合わない本当の理由

主張が真っ向から対立してお互いに聞く耳を持たず、議論が平行線をたどることはよくあります。でも、かみ合わない原因を見つければパズルは必ず解けるもの。そして多くの場合、お互いの「言葉」に原因があるものなのです。

32 「なぜなぜ坊や」の思考回路を覗いてみると

3歳を過ぎた頃から始まる「なぜなぜ坊や」の面倒くささ、いや手強さは、「なぜ?」の回数が多いことだけではありません。

「答えようもないほど当たり前のこと」をいちいち質問してくる。

「さっきも説明したこと」を何度も何度も聞いてくる。

これが大人をイライラさせてしまうわけですが、たまには彼らの思考回路を覗いてみるのもいかがでしょうか?

問題　「なぜ冬になると雪が降るの?」

「寒くて雲の水分が凍るから、雨ではなく雪になるんだよ」

「……だからぁ、どうして雪が降るの?」

この子の疑問に答えなさい。

✕ だ・か・ら、雪は融けたら水になるだろ？　あれは氷なの、コ・オ・リ！　夏だったら雨が降るけど、冬は寒いから氷になって雪が降るの。何度言ったらわかるんだ⁉

◯ **雲の中で水分が凍るときは、結晶といって枝を伸ばすみたいに広がるから隙間が多いんだよ。だからゴロゴロした氷の塊にはならずに、ふわふわの雪になる。**

一度言われてもわからない説明は、何度くり返されてもわからないものです。おそらくお互いの認識がどこかズレていて、腑に落ちない点があるのでしょう。

こういう場合は、**本人に聞いてみるのが一番**です。

「どうなったら納得するんだい？」

もちろん、この子も最初から「なぜ冬に降るのは雹《ひょう》じゃなくて雪なの？」と質問していたらよかったのでしょうが、そこはまだ子どもです。大人のほうが質問の真意を聞き出してあげる必要があるでしょう。

かみ合わない→どうなったら納得するか聞いてみる

「データ入力、手伝ってくれないかな？　ギャラは払うから。1ページにつき500円」

「安っ！　先輩、意外とケチですね」

「おまえこそ、なんで急に金にがめつくなってんの？」

パソコンが得意な先輩にとっては「数分で済む単純作業」なので500円でも大盤振舞いのつもりです。でもパソコンの苦手な後輩にとっては「非常に時間がかかり神経をすり減らす重労働」なので500円では割に合わないと思っているのです。

この場合、パソコンの入力作業がどれだけ大変かという認識にズレがあることに気づかないと、「あいつは金に汚い」とお互いに思い込んで、それぞれの同僚に陰口を言いふらすという険悪なことになりかねません。


問題　「なぜ『米国』がアメリカで『英国』がイギリスなの？」

「それはね、昔の日本人がアメリカを漢字で『亜米利加』、イギリスを『英吉利』と書いた名残なんだよ」

「……でも、どうしてアメリカが『米』でイギリスが『英』？」

この子の疑問に答えなさい。

×

「亜米利加」「英吉利」って書くと長くて面倒だから2文字にしたんだよ。日本の周辺も「明国」「朝鮮」だったから、欧米も「米国」「英国」にしたほうがスッキリするだろう。

○

イギリスのあの国旗はね、ユニオンジャックという模様なの。決して、『米』と書いているわけじゃないんだよ。

わからず屋にも三分の理。発明王エジソンは「1+1=2」に納得できず教師を困らせた結果、3カ月で小学校を退学させられました。このときのエジソン少年の言い分は「ひとかたまりの粘土とひとかたまりの粘土を合わせたら、大きなひとかたまりの粘土になるじゃないか」というものだったそうです。

職場によくいる「話の通じない人」も、その思考回路を覗いてみると目からウロコの発見があるかもしれません。

まとめ

かみ合わない→どうなったら納得するか聞いてみる

33
「自己責任」と言うのは「無責任」か？

２００４年、イラク戦争が勃発した直後に日本人が現地の武装勢力に誘拐あるいは殺害されるという事件が続発しました。その中には外交官や戦場カメラマンなど職務のために危険地帯に入って命を落とした人たちもいて、大変惜しまれたものです。

ところが、そんな日本人拉致《らち》事件のうちの一件が、日本国内で妙な論争を引き起こすことになりました。

退避勧告が出ているにもかかわらず「ボランティア」と称してイラクに入国していた若者３人が拉致されたのですが、これに対して当時の政治家たちから「自己責任だ」という発言が相次ぎ、それに反発した人々が政府の対応を「無責任」だと非難したのです。

問題 戦地に行って武装勢力に拉致された日本人の若者たちは「自己責任」なのでしょうか？　そう言う政府は「無責任」なのでしょうか？

× 海外にいる邦人の保護は、日本政府の責任じゃないか。それを「自己責任」といって被害者に押しつけるのは、責任逃れであり「無責任」だ。

○ **事件に巻き込まれた原因が彼ら自身にあるという意味では「自己責任」だ。しかし人質を救出するのは政府の役割であり、政府はこの「責任」を十分果たした。**

この論争がかみ合わなかったのは、「責任」という言葉に2通りの用法があるからです。「責任」を辞書で引くと、次のように書いてあります。

せきにん【責任】
①自分が引き受けて行わなければならない任務。義務。
②自分がかかわった事柄や行為から生じた結果に対して負う義務や償い。

前者は**「誰が後始末をするのか」**、後者は**「誰のせいなのか」**という違いです。

この2つは一見同じようなものに見えますが、実際には同じにならないケースがあるのです。たとえば他人のものを壊してしまったら、壊した本人が弁償します。これは「原因をつくった人」と「後始末をする人」が同一のケースです。

ところが、それが小さい子どもだった場合、その子のお小遣いでは弁償できないため親が代わりに弁償するということがあるでしょう。その場合、「原因をつくった人」は子どもで、「後始末をする人」は子どもではなく親なのです。

日本人拉致事件での一部の政治家の発言はどちらでしょう？

海外にいる日本人の生命を守るのは外務省の最も重要な業務。したがって、政府が「後始末」をするというのは最初から決まっている大前提でした。つまり、政府関係者の言う「自己責任」は「救出は政府がやりますが、原因をつくったのはあなたたちですよ」という意味だったのです。

にもかかわらず、これを「自分たちで解決しろ」という意味に解釈した一部の人たちが大騒ぎし、大論争になってしまったのです。

問題 マーケティング担当「この英会話教材のベネフィットは何なの？」
教材制作担当「ベネフィットは、TOEICで800点取れることです」
マーケティング担当「それじゃあベネフィットがわからないよ」
さて、どう答えればいいのでしょう？

✕ ご存じないようですが、TOEICというのは990点満点で、800点以上取れる人は全受験者の約9パーセントしかいないんです。

◯ 外国人の恋人をつくって、友達の羨望の的になれます。

辞書で「benefit」を引くと「利益、利点」という意味です。英語の教材をつくった担当者ですから、辞書的に正しい意味で「TOEICで800点」と答えたわけです。

ところが、広告やマーケティングの世界で「benefit」といえば「それによって叶えられる心理や願望」という独特の用語。

つまり問われていたのは、**「TOEICで800点を取ったらどんな素敵な人生が送れるのか」**だったのです。

会話がかみ合っていないと思ったら、「念のため確認したいのですが」と言って、使われている単語の意味をお互いに確認してみることが大切です。

まとめ

いったん立ち止まって、言葉の定義を確認してみる

34 賛成派も反対派も納得させる「落としどころ」

職場での地位が少し上がってくると、利害の異なる人たちの調整をするという役割が回ってくるようになります。頼られている証拠ですから、喜んで引き受けましょう。

しかし、賛成派と反対派が真っ向から対立し、お互い聞く耳も持たず一歩も譲らないという状況は厄介なもの。調整役の手腕が問われます。

ただし、多数決が正しいとは限らないのは近年の選挙で痛感させられましたし、じゃんけんは提案した時点でどちらの立場からも「ふざけるな」と叱られそう。

さて、どうしたものでしょう？

問題 ある中学校で、生徒が携帯電話を持ち込むことを許可すべきかどうか議論されています。賛成派は子どもの安全のために携帯電話は必要だといい、反対派は勉強の妨げになるといいます。あなたはどう考えますか？

×

思春期の子に携帯なんか持たせたらろくなことがない。勉強しないどころか、出会い系サイトとかにアクセスして犯罪に巻き込まれる。私は反対だ。

○

安全のために必要なのは朝夕の登下校時。勉強の邪魔になるのは日中の授業中だ。したがって登下校時には携帯を持たせて、日中は職員室で預かればいい。

2つの意見が対立している場合、たいていどちらの立場にも一理あるものです。そしてどちらの立場を取っても問題は残るもの。

だから片方の立場だけを支持しても説得力が弱いのです。

この場合、単純に「賛成／反対」を表明するよりも、双方の主張を公平にジャッジして折り合いをつけましょう。

これが大人の態度です。

2つの立場の対立→「いつ、どこで、誰が」のズレを探す

この携帯電話の件では、賛成派が必要性を主張しているのは朝夕の登下校時。実は反対派もこの点は否定していません。ここがポイントです。

そして反対派の根拠は昼間の授業中。賛成派もこの点は否定していないのです。

つまり、携帯電話が必要かどうかは時間と場所によって違うのに、そこを区別しないで「携帯電話に賛成か反対か」という大ざっぱな議論を始めたために議論が平行線をたどっているのです。

消費税増税に反対する人たちの大半は105円のパンが110円になることに反対しているのであって、2100万円のフェラーリが2200万円になることに反対しているのではありません（もっとも1989年まで存在した物品税は「どこからが課税すべき贅沢品か」という判断が非常にややこしかったわけですが）。

米軍輸送機オスプレイに反対する人たちは「自分たちの町に墜落されたら迷惑だ」と言っているのであって、「竹島や尖閣諸島に着陸できる」という領海防衛にまで反対しているわけではありません。ならば、沖に空母でも浮かべて海の上だけ飛べばいいわけです。「折衷案」と称して1機だけ配備なんて中途半端なことをしては、どちらの立場にもメリットがありません。

問題　**そろそろ、原発問題に決着をつけてください。**

✕ 世論調査によると、原発再稼働については賛成と反対が半々だ。電力不足の心配も事故の心配もあるから、半数の原発だけ動かそう。

○ **日本人の生活水準を下げずに電力需要をまかなうためには、これからも原発は必要です。もちろん安全に原発を運営できて、万一事故が起こっても的確に対処できる企業が見つかればの話ですけど。**

「原発が必要かどうか」と「誰が運営するのか」は別の問題です。

おそらく賛成派の中でも「ではどの企業に任せるのか」となると立場が割れるでしょうし、反対派の中にも「まともな企業がやるなら、原発そのものには反対しない」という人も現れるかもしれません。

問題を小分けにすると、「賛成／反対」の構図が変わってくるのです。

まとめ **2つの立場の対立→「いつ、どこで、誰が」のズレを探す**

35 「なぜ人を殺してはいけないの？」にどう答えるか

かみ合わない議論の代表が、「なぜ人を殺してはいけないのか？」。

1990年代後半に少年による殺人事件が急増したとき、ある少年が発したとされるこの言葉に世の大人たちが大騒ぎしました。既存の価値観や秩序を覆す、とんでもない事態になったと受け止められたのです。

「誰だって、殺されるのは苦しいし嫌だろう」と言えば、「他人が苦しんでも自分には関係ないし」と返されます。「殺人を許すというのは、おまえも殺されていいということだぞ」と言えば、「いいじゃん、自分は早く死にたいんだから」と返されます。

ああ言えばこう言う。自分の命さえも放棄してしまっているニヒリズムの人間とは会話が成立しません。

問題 なぜ人を殺してはいけないの？

✕

ならぬことは、ならぬ。昔からそう決まってる。おまえのようなバカな子を持って、田舎のお母さんも泣いてるぞ。早く目を覚ましてまっとうな人間になれ。

○

そもそも質問が間違ってるよ。日本の刑法には「人を殺してはいけない」とは書いてない。第199条に「人を殺した者は、死刑又は無期若しくは5年以上の懲役に処する」と書いてあるだけだ。わざわざその刑罰と引き替えに殺人をしたいなら、それは君の自由。ただし、迷惑だからわれわれは全力で阻止するけどね。

なぜ「なぜ人を殺してはいけないの?」という質問は答えにくいのか。それは「命の重さ」とか「他人の痛みに共感する」といった抽象的な倫理の問題ではありません。**話がかみ合わない原因は、「命令形」という文法にあります。**

質問の形を変えてみる

そもそも「(あなたは)人を殺してはいけない」と「殺す側」を主語にしている時点で、本人の意思を変えようという不毛な努力にはまっています。「~しろ」「~するな」という命令形は「さもないと、こんな損をするよ」というペナルティー付きで成立するもの。殴られる、説教される、殺される、お金や地位を奪われるなどの各種ペナルティーを受けたくない人間だけが自分の意思で従うのです。

ところが、何もかも捨てた人間はペナルティーで失うものがありません。命令形が原理的に通用しないのです。

こういう場合は、質問の主語を変えてみましょう。

「なぜ私は人を殺してはいけないのか」ではなく、**「なぜこの社会は殺人に最も重い刑を課すのか」**。

主語を「社会」にすれば、もう殺す側の減らず口を聞く必要はありません。「大事な人を守るため」でも「社会の秩序を守るため」でも「なんかムカツクから」でも、こちら側の都合なので殺す側がどう思うかは関係ないのです。

もっとも、「なぜ人を殺してはいけないの?」と質問する少年が全員やぶれかぶれのニヒリストとは限りません。なかにはもう少し思慮のある子もいるようです。

問題　なぜ人を殺してはいけないの?

✕

君はまだ若い。だから大切な人を失う悲しみや辛さがまだわからないんだよ。いつかそういう気持ちがわかるようになれば、そのときっと尊い命を奪ってはいけない理由がわかるはずだ。

〇

悪いやつを殺したい気持ちはわかる。でも、その人が真犯人なのか、死に値するほど悪いやつなのかは客観的に調べないと、誤って死ななくていい人を殺してしまうかもしれない。だから、この国では私刑を禁止して警察と司法に任せることにしたんだよ。

そうです。この場合の質問は「なぜ（悪い）人を（自分で）殺してはいけないの？」だったのです。狂った少年ではなく、むしろ強い正義感の持ち主とみるべきでしょう。

「なぜ人を殺してはいけないのか」の大騒ぎの正体は、**文法の問題**だったのです。ただ、命令形が通じない特殊な相手だったことと、「誰が、誰を」が省略されていたことによって答えようがなくなり、「命の問題は難しい」と誤解されてしまったのです。

まとめ　質問の形を変えてみる

第5章
職場で認められる書き方・話し方

職場で認められるための「出番」は口頭の受け答えばかりとは限りません。文章やプレゼンなど、アウトプットの形はいろいろです。最後の章ではこれまでの補足として、若手社員に必要な書き方、話し方のノウハウをご紹介しましょう。

36 ビジネス文書に「私は」はいらない

「文章が苦手」という人は多いものです。

でも「水泳が苦手」な人が「息継ぎができない」「5メートルで沈む」など「何ができないのか」を具体的に自覚しているのに対して、「文章が苦手」という人は自分の文章のどこがダメなのかが具体的にわからないまま「なんとなく苦手」と思ってしまいがち。

特に就活生からよく相談されるのが、「書いた文章がなんとなく幼稚」「学生っぽくなってしまう」という悩みです。

でも、どの部分が「子どもっぽさ」を感じさせているのかが自分ではわからないというのです。

問題 新メニューのステーキセットに添えるデザートを検討中です。ゆずシャーベットを一番に推すレポートを書きなさい。

×

私はゆずシャーベットが一番いいと思う。ステーキを食べたあとは口の中が脂っこくなるが、シャーベットのシャリシャリ感でさっぱりするし、なによりゆずのいい香りと酸味。あまり主張しないので、メニュー全体の中でも違和感がないと思う。

○

ステーキの後のデザートには、ゆずシャーベットが最適である。アイスクリームと異なり氷粒が大きいため口の中の脂分が落とされ、柑橘系の香りと酸味が清涼感を与える。しかも他の料理に比べ味と香りが強くないため、メニュー全体のバランスが保たれる。

フォーマルな文章に「私は」という主語は不要です。

フォーマルな文章とは論文、新聞記事、報告書、仕事上のメールなどです。これらは物事を正確に、つまり客観的に説明する文章。そこに書き手の主観が混じると「説明の正確さ」に疑念を抱かれてしまうのです。そこで、フォーマルな文章、客観的な文章を書くときには「私は」を主語に使わず、物事を主語にする必要があるのです。

「私はゆずシャーベットが一番いいと思う」ではなく「ゆずシャーベットが最適である」。

「(私は) 違和感がないと思う」ではなく、「バランスが保たれる」。

実は「なんとなく子どもっぽい文章」という印象を与えてしまう一番の原因は、この「私は」にあったのです。たしかに小学校の作文は「ぼくは、わたしは」でした。小学生には半径5メートルの個人的体験以上のものは求められていないからです。

客観的文章=「私は」ではなく、物事を主語にする

論文指導でよく聞かれる質問に「『〜と思う』を使うと主張が弱くなる気がするし、『〜である』って言い切ると今度は強すぎる気がするんですけど?」というものがあります。

しかし、これは主張が強いか弱いかという程度の問題ではありません。**主語が「私は(主観)」か「物事(客観)」かという、視点の根本的違い**だったのです。

> **問題** 次の文章を、新聞記事向けに直しなさい。
>
> **「昨夜8時すぎ、県道4号線で乗用車とトラックの衝突事故が発生した。乗用車を運転していた会社員Aさんは現在も病院で苦しんでいる。トラックを運転していたB容疑者は現行犯逮捕。運転前に酒を飲んでいたらしい。」**

〇

昨夜8時すぎ、県道4号線で乗用車とトラックの衝突事故が発生した。乗用車を運転していた会社員Aさんは病院に運ばれ、現在も意識不明の重体。トラックを運転していたB容疑者からは基準値を超えるアルコールが検出され、警察の調べに対し酒を飲んだことを認めている。

「苦しんでいる」というのは記者の勝手な推測です。もしこれが事実なら「Aさんは救急隊員の呼びかけに対し『苦しい』と答えた」という書き方になったはずです。

「酒を飲んでいたらしい」という伝聞の表現も、目撃者から聞いたのか警察発表なのか、単なる記者の勘なのかがわかりません。

推測や伝聞も、そう思ったり伝え聞いた主語は「私は」です。

これも「目撃者は……と証言している」のように第三者を主語にすることによって客観的な表現になるのです。

まとめ

客観的文章＝「私は」ではなく、物事を主語にする

37 分類すると「中身のある文章」になる

公務員や企業の採用試験で論文（作文）が課される場合、「1000字以内で」「2000字程度で」という字数規定があります。初心者は最初に、この字数に面食らってしまうもの。

基本的に論文とは**「問題点を分析して、解決策を提案する文章」**です。

たとえば「待機児童問題について」というテーマであれば、まず解決すべき人や事柄をピンポイントで指摘します（問題提起）。次にこれまでの行政や企業の取り組みを挙げ、それがなぜ不十分なのかを明らかにします（原因分析）。そしてこれから行うべき施策を提案します（解決策）。これで完成。理論だけ聞くと簡単そうです。

ただ、これら3つのステップを400字ずつ埋めていくのが実際には難しいようで。

問題 **待機児童が増えている問題の背景について述べよ。**

×

待機児童問題の背景にあるのは、保育園に入れない子どもが増えているということである。保育所に入りたいと申請するものの、どこの保育園も定員がいっぱいであるために断られてしまう。これが待機児童問題の背景だ。

○

待機児童が発生する原因として、第一に保育所数の減少、第二に入所を申請する世帯の増加という2つの仮説が考えられる。このうち保育所数については、現在各自治体が認証保育園などの設置を積極的に進めているため、少なくとも近年になって減っているということは考えられない。したがって保育所を必要とする世帯が急激に増加していることが、待機児童問題の主な原因だといえる。

そしてその社会的背景として、第一に景気の悪化によって夫の収入が減り、共働きをせざるを得ない世帯が増えていることと、第二に離婚率の上昇によってシングルマザーが増えていることが挙げられる。このうち早急に対処しなければならないのはシングルマザー世帯の保育である。共働き世帯では夫の収入があるため多少入所を待たされてもすぐに生活に困ることはないのに対し、シングルマザーの場合は子どもを預けられなければその時点で収入が途絶え、すぐ

に貧困に陥ってしまうためである。

ここまでで約400字。1200字の論文であれば3分の1が埋まりました。「第一に、第二に」という表現が何度も出てきますが、これは「待機児童が発生する原因」「保育所を必要とする世帯構成」をそれぞれ2つに分類したためです。

詳しく書く＝対象を分類する

大ざっぱに「保育園に入れない人」とひと括りにしてしまうと、人によって事情が異なることに気づきません。だから書くことがなくなり、苦し紛れに同じ内容を繰り返し書くことになってしまうのです。これでは答案の評価にもつながりません。

でも原因を2つに分け、そのうち1つに絞ったらさらに分類し……という作業をしていくと、**分ければ分けるほど書くべきことが浮かび上がってくる**のです。気づけば1000字や2000字はすぐに埋まるようになります。

そして内容も、多角的かつ具体的に書かれた「いい答案」と評価されるのです。

問題　**「ウィキペディア馬鹿」という現象について説明せよ。**

×

ウィキペディア馬鹿とは、ウィキペディアに書いてあることを鵜呑みにして、そのままコピー&ペーストでレポートを作成したりする人を軽蔑した呼び方である。

○

ウィキペディアに関わる人は4種類に分類される。第一にウィキペディアに書いてあることを読む人、第二に書かれていないことを独自に研究する人、第三に自ら執筆・編集をする人、第四に寄付をして運営を支える人である。このうち第一のタイプはさらに2種類に分けられる。ウィキペディアを参考資料のひとつとして利用する人と丸ごと鵜呑みにしてしまう人である。「ウィキペディア馬鹿」と呼ばれるのは最後に挙げられたタイプであり、必ずしもウィキペディア自体やそれに関わる人すべてが軽蔑されるわけではない。

ひたすら分類するだけで、3倍も書くことができます。しかも**分類すればするほど、見方が客観的に、公平になっていきます**。視点を広げるためにも、分類は有効なのです。

まとめ

詳しく書く＝対象を分類する

38 価値を生むメモ、ゴミになるメモ

ガジェット（小物、文房具）好きのビジネスマンは、まずメモ帳にこだわります。1枚1枚使い捨てるロディアに対し、永久保存に向くモレスキン、さらにはクラウドに保存するエバーノートなど、自分の仕事のスタイルに合うメモ帳を探す旅は果てがないようで。

問題　ミーティングでの田中営業本部長の発言をメモしなさい。

「配布した資料にある通り、今期の全支店の売上は23億4000万円で3期連続右肩上がり。特に静岡支店の頑張りは役員会議でも話題になってたぞ。ところが問題は目玉商品となるはずの『PQ156』だけが伸び悩んでいることだ。後発のS社『SA4397』と性能も価格もほぼ同じなのに、若者層をゴッソリ持って行かれている。なんとかこいつをぶっつぶすアイデアを出してくれないか？　あした改めて会議を開くから、それまでに」

✕

今期　全支店　23億4000万円　3期連続右肩上がり
役員会議　　　目玉×
わかもの　　　ぶっつぶす

◯

現状：　全支店up
問題：　PQ156×　SA4397に負けてる
指示：　対策を　あしたの会議まで

ビジネスマンのメモで最も大事なのが、**「再現性」**です。

学生時代のノートと違い、書きっぱなしの自己満足で終わってはいけません。取ったメモは議事録や企画書などの形でアウトプットすることが求められます。

聞いた言葉を全部書き留めようとすると、だんだんスピードが追いつかなくなり雑になってしまいます。単語を断片的に書き散らしては、それぞれの情報のつながりがわかりません。「若者の目玉をぶっつぶそうと役員が謀議していた」とも読めてしまうメモでは困ります。

メモの「再現性」とは、他人が見ても議事録を書けるレベルを意味します。

そのためのコツを2つ覚えておきましょう。

①事前にフォーマットをつくっておく

定期的な会議では段取りや議論される項目がある程度決まっているものです。また自分が質問したいこともあるかもしれません。ならば、会議が始まる前にそれらを見出しとしてメモ帳に列挙し、解答用紙（フォーマット）をつくってしまえばいいのです。

こうすると書き込むのが格段に楽になる上に、誰が見ても内容を理解できます。

②資料を見ればわかることは書かない

素早くメモするためには、書くことと書かないことを判断することが大切です。配布資料に書いてあることや、あとで調べればわかることは書く必要はありません。逆に、話の中に出てきた固有名詞や数字（型番）などは正確に書き留める必要があります。これを書き間違えると、あとで調べることもできなくなるからです。

問題　新しく始まる料理番組のタイトルを考えなさい。

✕ 料理番組のタイトル決定！「家族でくっきんぐ」

○ ~~簡単ボナペティ~~ ~~彼女のキッチン~~ ~~深夜のレストラン~~ ~~ビストロおいどん~~ ~~三つ星料理ショー~~ 手抜き料理1分クッキング ~~懐かしのマンマミーア~~ ~~キッチン☆アロハスタイル~~ ~~秘境の食卓~~ おしゃべりしながらレンジでチン ~~魔女の夕食~~ ~~隣の晩餐~~

会議や講演のメモが「内容を正しく伝える」のが目的であるのに対し、アイデアを出すブレインストーミングのメモは**「ダメな案を出し尽くす」のが目的**です。

プロのコピーライターでも、１００本も２００本もノートにアイデアを書き出してようやく1本のヒットが出るといいます。むしろ紙に書くことによって月並みなアイデアを頭から追い出さないと、光るアイデアは芽を出さないのです。

メモ帳をきれいに使おうなどと思ってはいけません。ダメな案で1冊埋め尽くすくらいの気構えが必要です。

まとめ　メモ＝伝達用は事前にフォーマット、ブレスト用はダメな案で埋め尽くす

39 ビジネスメールに「拝啓」はいらない

仕事で連絡を取る手段として、電話とメールは使い分けが重要です。緊急の連絡や、相手に確実に伝える必要がある場合は迷わず電話。相手はいつメールを見るかわからないので、「発注ミスです！　大至急、業者に連絡してください！」という内容をPCメールで送りっぱなしにしてはいけません。

これに対して、相手にじっくり検討してもらったほうがいい内容や、やりとりの記録を残しておいたほうがいい場合はメールです。電話だと、あとから「言った」「言わない」のトラブルになることがあるためです。

問題　取引先から納期に関する質問がありました。返答のメールを送ってください。

×

件名：おはようございます
拝啓　陽春の候、貴社におかれましてはますますご清栄のこととお喜び申し上げます。また斎藤様におかれましては日頃より弊社に格別のご協力をいただき心より感謝する次第でございます。さて、この度ご質問いただいた件ですが、弊社営業部門と流通部門に確認いたしましたところ、最大で6月8日までであれば延長が可能であるとの結論に至り……

○

件名：納期に関するご質問について
いつもお世話になっております。
先日ご質問いただいた件についてお答えいたします。
1、納期の延長は6月8日までであれば対応できます。
2、今後のスケジュール調整に関しては、後ほど改めてご連絡いたします。
以上、よろしくお願いいたします。

「拝啓　陽春の候……」のような格式張った書き出しは、社外の人に宛てて紙の手紙を書くときの作法。そもそも電子メール自体が事務的な略式のツールなので、ここで手紙文化の伝統に縛られる必要はないのです。

ビジネスメール＝用件×シンプルパターン

まず、件名は本文を読まなくても内容と重要度がわかるように。「おはようございます」では、読まれずに放置される可能性があります。

書き出しと結びは、いつでも誰にでも「いつもお世話になっております」「よろしくお願いいたします」。ここで「そんなに世話になったかなあ？」などと考えてはいけません。書き出しで悩んで時間とテンションを浪費するくらいならワンパターンで十分です。

そして、**用件は単刀直入に箇条書き**。ダラダラと文章を何行も連ねられると読みにくいものですし、改行のない長文メールを送ると「自分本位で、コミュニケーション能力に問題のある人」と疑われてしまいます。

ただし、単純に用件だけともいかないのが、苦情に対するお詫びのメールです。

> **問題** チェックアウトした宿泊客からのクレームに、メールで対応してください。

×

この度は貴重なご意見をありがとうございます。ご指摘の点を確認しましたところ、やはり清掃担当者の怠慢が原因でした。本当に申し訳ありませんでした！

○

この度はせっかくのご滞在にもかかわらずご不便をおかけいたしまして、誠に申し訳ございませんでした。

弊社スタッフに確認しましたところ、吉田様のご指摘の通り清掃マニュアルとその指導に不備があることがわかり、早急に改善することができました。

吉田様にご満足いただけるホテルを目指し、従業員一同さらに努力をしていく所存でございます。貴重なご意見、ご指導をいただけたこと、心より感謝申し上げます。

謝罪メールは「①謝罪→②説明→③感謝」の順番で。よく「クレームは儲けのチャンスだから感謝しろ」と言われますが、謝罪よりも先に「ありがとうございました」では、「巧妙にはぐらかされた」という印象を与えかねません。

まとめ

ビジネスメール＝用件×シンプルパターン

40 誰とでも無限に会話が続く技術

美容師、ウエディングプランナー、雑誌記者、カウンセラーなど、人と会話することが必要な職業は多いものです。

ところが、初対面の人との会話というものは何を話していいかわからず、話題に詰まると、何か埋めようと焦って空回りしてしまいがち。大勢の前で一方的に話すセミナー講師とは違う苦労があるのです。

誰とでも会話を続ける技術は、プロのインタビュアーから盗みましょう。

問題 ――お芝居の最中はどんなことを考えていらっしゃるんですか？

「舞台の場合は、意外とお客さんの顔が見えているものなんですよ。同じ決めゼリフでも、日によってお客さんの反応が違う。それが舞台の醍醐味ですね」

これに続く次の質問をしなさい。

✕

なるほど。では次の質問です。プライベートではどんな服装を？

「え？　あ、はい、古着が大好きなんですけど……」

古着ですか、意外ですねえ。次の質問です。毎日同じお芝居を演じていて、飽きたりしませんか？

「いや、さっきも話したんですが、同じ決めゼリフでも……」

◯

では、ドラマの収録では舞台と何か違いがありますか？

「ドラマの場合はお客さんがいない代わりに、下手な芝居をするとディレクターのダメ出しが入って撮影が止まってしまう。いろんな人に迷惑かけちゃうから舞台以上に『失敗しないように』って緊張してますね、ハハハ」


話し手が舞台のことしか言わなかった点を見逃さず、「舞台ではないほう」のテレビドラマに話を振ったおかげで、役者の意外な裏話を引き出すことができました。

このインタビューは、さらに次のようにつなげることができます。

「では、ご自身ではなく相手の役者さんのミスで撮り直しになったとき、気持ちを維持するために何か工夫なさっていることはありますか？」

自分のミスでまわりを待たせる話から、待たされる側の話に振りました。

このように**「相手が言わなかったほう」に話を振る**と、インタビューの読者や視聴者が「そこ、もうちょっと聞きたい」と思うところに手が届きながら、話題を前へ前へと展開していくことができるのです。

次の質問＝いま相手が言わなかったほう

1時間しゃべり続けるためにネタを用意するのは大変ですが、相手の言わなかったほうを聞き続けるのには準備がいりません。それに、一般的に相手に好かれるのは話し上手な人より聞き上手、いえ「話させ上手」な人なのです。

問題　「豪邸？　それほどでもないよ。プールと専用ジムはあるけどね（笑）貧乏だった頃の反動かな。どっちかというと犬が好きなんで、庭にワンちゃん専用の４ＬＤＫ一戸建てを建ててみたりとか。あ、これが最近産まれた子犬の写真。かわいいでしょ？」

いま相手が「言わなかったほう」を質問しなさい。

×

猫はお嫌いなんですか？　飼ってみるとなかなか可愛いものですよ。

○

その貧乏時代から、どうやってこんな大きなビジネスを始めたんですか？　たとえば元手をどうやって調達したのかとか、どんなコネクションを使ったのかとか。

「えっ、そこ聞いちゃう？……ちょっとヤバイ話もあるから全部は書かないでね（汗）」

「言わなかったほう」とは、まったく触れなかったこととは限りません。自分の話なのに言い方が抽象的だったり曖昧だったりするときは、その人にとって「簡単には他人に知られたくない秘密」が隠れているものです。

もっとも、なかには絶対話せないこともあるかもしれません。でも、その人からしか聞けない経験やノウハウ、価値観といったものは、話し手が自分から「言わなかったほう」に隠れているものなのです。

まとめ

次の質問＝いま相手が言わなかったほう

41 プレゼン上手の秘策「3Dの法則」

社内の企画会議やお客様への商品説明など、若手社員でもプレゼンテーションをする機会はよく回ってきます。「人前で話すのは苦手」などと避けてはいられません。

本書の最後に、プレゼンの技術を覚えましょう。とはいっても、パワーポイントの派手な視覚効果を使えとかハンカチから鳩を出せとかいう話ではありません。**話の構成法**です。

アップル創業者の故スティーブ・ジョブズ氏やニュース解説で人気の池上彰氏、テレビ通販で有名なジャパネットたかたの髙田明社長など、世の中にはプレゼンの名人といわれる人がたくさんいます。

彼らのプレゼンには「誰が聞いても引き込まれ、理解できて、聞いたあとポジティブな気持ちになれる」という共通点があります。

実は、世のプレゼン名人たちが共通して仕掛けている「すべらない話の構成」があるのです。**「3Dの法則」**とでも名付けておきましょうか。

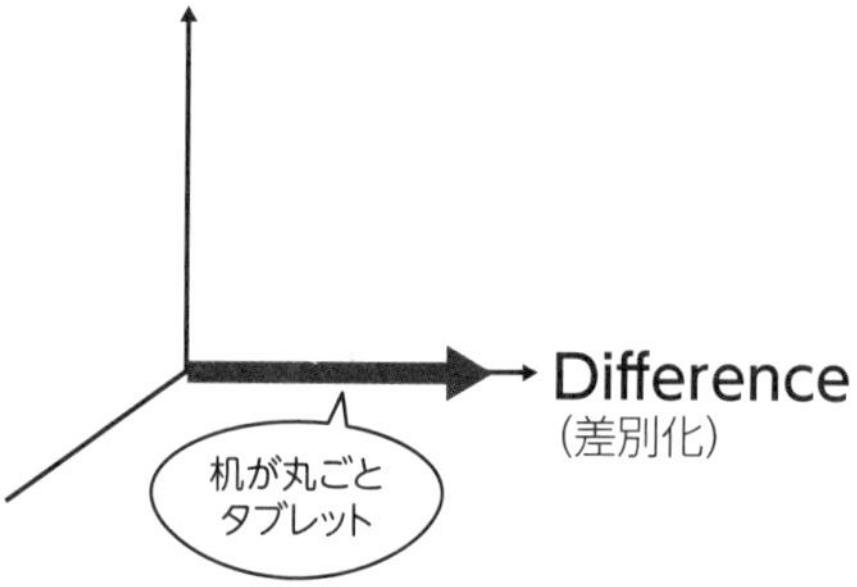
Difference
(差別化)
机が丸ごと
タブレット

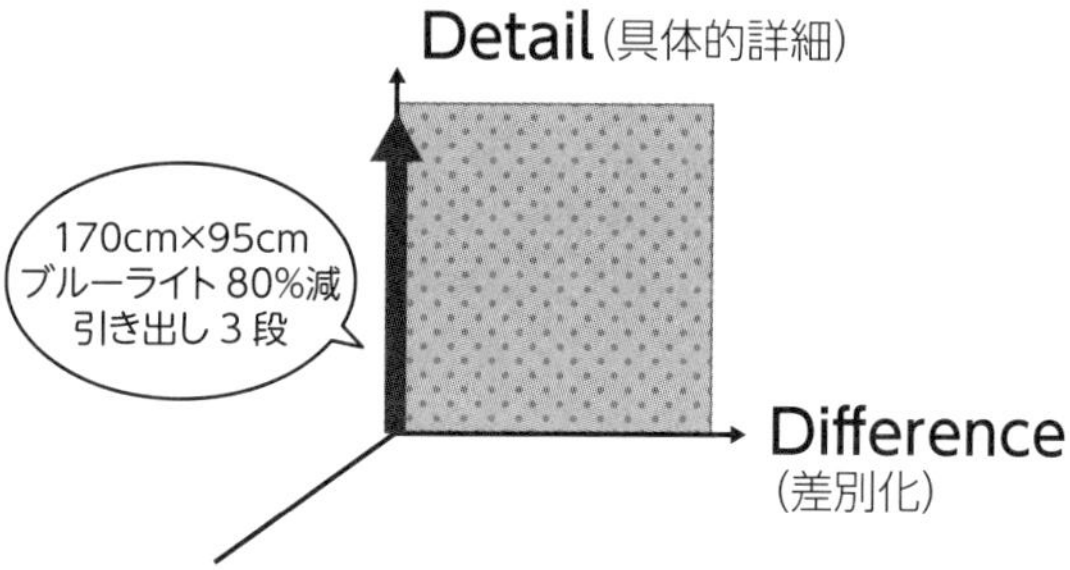
Detail(具体的詳細)
170cm×95cm
ブルーライト 80%減
引き出し 3 段
Difference
(差別化)

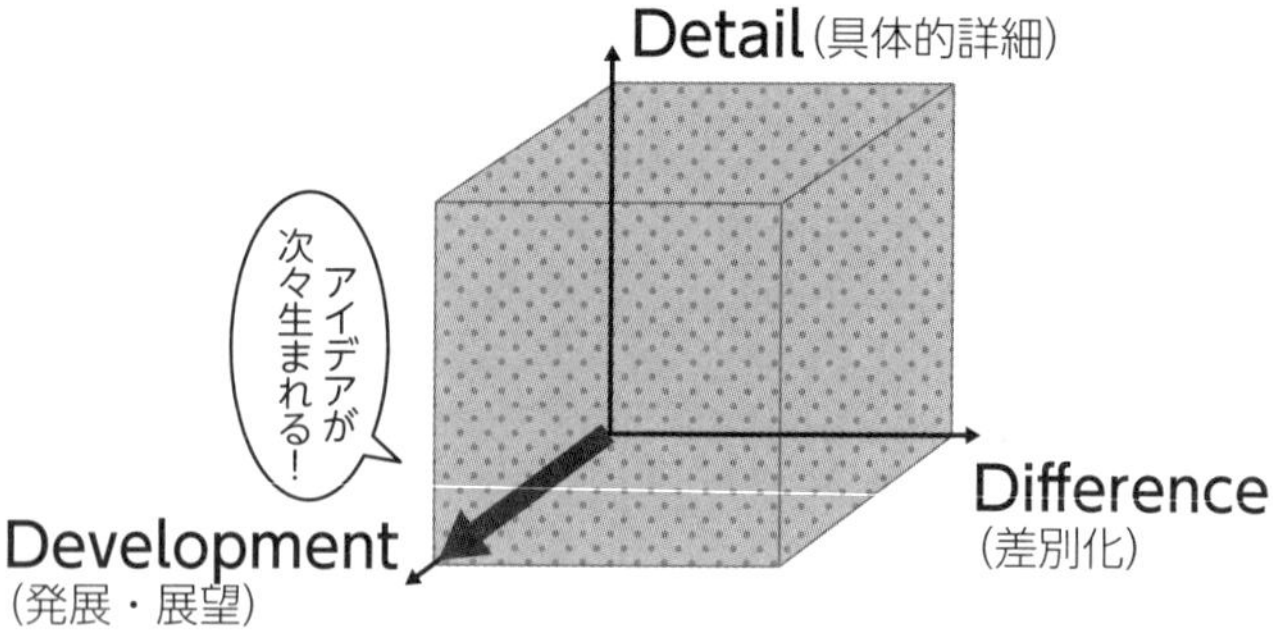
Detail(具体的詳細)
アイデアが
次々生まれる!
Difference
(差別化)
Development
(発展・展望)

- Difference（差別化）……他の話や聞き手の予想との違いをはっきりさせる
- Detail（具体的詳細）……具体例やデータ、わかりやすい比喩など
- Development（発展・展望）……この話が何の役に立つのか、今後どうなるのか

たとえば、新型のタブレット型端末を紹介するとき、

「すごいんです！　最新型なんです！　おすすめなんです！」

これだけでは何がすごいのかわかりません。そこで、

「タブレットって、やっぱり画面が小さいですよね。目に悪いし、画面が小さいと発想まで狭まりそうな気がします。そこで今回ご紹介するのが、机の天板が丸ごと巨大なタッチパネルディスプレイになった、その名もタブレットデスク！」

最初に従来のタブレットの不便な点を挙げて「そうそう、わかるわかる」と共感させておいて、それとは違うものを見せる。これが「Difference（差別化）」です。

「幅1メートル70センチ、奥行き95センチの超ワイド画面。ブルーライトを80パーセント減らした目に優しいディスプレイです。机ですから引き出しも3段ついてます」

ここで機能や性能を説明します。これが「Detail（具体的詳細）」。

プレゼンの下手な人は、この「Detail（具体的詳細）」ばかりを話そうとしがちです。でも、これだけではもともと興味のあった人しか聞いてくれません。

そこで最初に「これは聞く価値のある話だぞ」という「Difference（差別化）」から入ることによって、話に広がりをもたせ、幅広い聞き手をつかむことができるのです。

「これがあれば、本や書類を積み重ねて机の上がゴチャゴチャになることもありません。すべて画面の中です。置くのはコーヒーカップだけ。近未来的なバーチャルデスクで、クリエイティブなアイデアが次々生まれてくるのは間違いありません！」

このタブレットデスクを買えばどんな素敵な生活ができるのかという今後のビジョン、すなわち「Development（発展・展望）」で最後を締めます。こうすると、話に奥行きが生まれ立体的になります。途中までの話がよくわからなかった人でも、「聞いてよかった」と思ってくれるかもしれません。

まとめ

差別化・詳細・展望で話を立体的に

3つのD（Difference, Detail, Development）を盛り込めば、聞き手は少なくともどれか1つには反応します。だから「誰が聞いてもすべらないプレゼン」になるのです。

おわりに

本書を最後まで読んでくださって、本当にありがとうございます。

この本は、国語の教科書です。書店ではビジネス書のコーナーに置かれていたかもしれませんが、それでも国語の教科書です。

41のルールと80問の問題は、私が普段予備校の授業で教えている内容そのままです。多少ビジネス書向けにアレンジしていますが、「×」の解答例の多くも実際にうちの生徒たちがよくやる失敗例です。

いつもなら一年間かけて教える内容だけに、一度読んだだけで41のルールをいきなり実践できる人は多くないと思います。

その代わり、周囲にいる他人の受け答えが気になり始めてはいないでしょうか？

自分が話す相手や、近くの人たちの会話を聞いて「それは答えになってないだろ！」とツッコミを入れたくなるでしょう。自分のことは棚に上げて（笑）

でも、それでいいのです。

いままでは何も気づかずに聞き流していた「かみ合わない受け答え」に気づくようになったことが、偉大な第一歩なのです。

その次は41のルールのうち、1つでも2つでも実践してみてください。

ハッキリ用件が伝わったとき、相手のリアクションがいままでのよそよそしさとは違っていることに気づくでしょう。

いつしか、上司やお客様から声をかけられることが増えていることに気づくでしょう。

チャンスはこういう小さな積み重ねの上に転がり込んでくるものです。

就活生は内定を。

正社員はより高いポジションに。

フリーターは誇りあるフリーランスに。

あなたのキャリアアップに本書が少しでもお役に立てたら、これ以上の喜びはありません。

鈴木　鋭智

謝辞

本企画の最初のきっかけをつくってくださった株式会社中経出版の原賢太郎さん、学習参考書時代から執筆のイロハを指導してくださった同社の荒上和人さん、的確なアドバイスでビジネス書としてのバランスを取ってくださった高橋一喜さん、インパクトのあるカバーをデザインしてくださった株式会社デジカルの玉造能之さん、論文指導、国語指導においてさまざまな示唆をいただいている代々木ゼミナール浜松校の進藤貴和子さんとCSS公務員セミナーの川井太郎先生、間舎敦彦先生、そして珍答奇答の数々で本書にネタを提供してくれた友人たちおよび生徒諸君！

みなさまのおかげで、この本を世に送り出すことができました。本当にありがとうございます。

〔著者紹介〕
鈴木　鋭智（すずき　えいち）
CSS公務員セミナー論文講師、代々木ゼミナール国語科講師。
1969年青森県生まれ。東北大学大学院文学研究科修士課程修了（認知心理学専攻）。大学入試の小論文指導に「問題解決」のトレーニングをいち早く導入し合格率を倍増させ、AO・推薦入試の面接指導では独自の「3Dメソッド」により早慶や医学部を含め合格率は9割を超える。予備校での授業の傍ら年間40校以上の高校や大学に招かれ講演会や特別授業を行い、のべ3000人以上に直接指導。「受験から就活まで、一生使える国語力」を信条とする。著書に『何を書けばいいかわからない人のための　小論文のオキテ55』『何を準備すればいいかわからない人のための　AO入試・推薦入試のオキテ55』（ともにKADOKAWA中経出版）がある。

本書の内容に関するお問い合わせ先
中経出版BC編集部　　電　話　03(3262)2124

仕事に必要なのは、「話し方」より「答え方」（検印省略）

2013年6月15日　第1刷発行
2013年11月22日　第3刷発行

著　者　鈴木　鋭智（すずき　えいち）
発行者　川金　正法

発行所　株式会社KADOKAWA
〒102-8177　東京都千代田区富士見2-13-3
03-3238-8521（営業）
http://www.kadokawa.co.jp
編　集　中経出版
〒102-0083　東京都千代田区麹町3-2 相互麹町第一ビル
03-3262-2124（編集）
http://www.chukei.co.jp

落丁・乱丁のある場合は、送料小社負担にてお取り替えいたします。
古書店で購入したものについては、お取り替えできません。

DTP／フォレスト　印刷／加藤文明社　製本／三森製本所

ISBN978-4-04-602527-2　C2034